古代歷史文化^{研究輯刊}

研究
輯刊

二一編

王明蓀 主編

第31冊

江南木構架營造技藝比較研究

馬全寶 著

國家圖書館出版品預行編目資料

江南木構架營造技藝比較研究／馬全寶 著 — 初版 — 新北市：
花木蘭文化事業有限公司，2019〔民 108〕
目 4+156 面；19×26 公分
（古代歷史文化研究輯刊 二一編：第 31 冊）
ISBN 978-986-485-749-4（精裝）
1. 建築物構造 2. 木工 3. 中國
618   108001548

古代歷史文化研究輯刊
二一編　第三一冊   ISBN：978-986-485-749-4

江南木構架營造技藝比較研究

作　　者　馬全寶
主　　編　王明蓀
總 編 輯　杜潔祥
副總編輯　楊嘉樂
編　　輯　許郁翎、王筑　美術編輯　陳逸婷
出　　版　花木蘭文化事業有限公司
發 行 人　高小娟
聯絡地址　235 新北市中和區中安街七二號十三樓
　　　　　電話：02-2923-1455／傳眞：02-2923-1452
網　　址　http://www.huamulan.tw 信箱 hml810518@gmail.com
印　　刷　普羅文化出版廣告事業
初　　版　2019 年 3 月
全書字數　76591 字
定　　價　二一編 49 冊（精裝）台幣 122,000 元

江南木構架營造技藝比較研究

馬全寶　著

作者簡介

馬全寶，博士，國家一級註冊建築師，碩士生導師。現任北京建築大學歷史建築保護系副主任。2013年，畢業於中國藝術研究院並取得博士學位，導師為建築研究所所長劉託研究員。主要從事建築歷史及文化遺產保護研究。目前主持的科研課題主要有：國家社科基金藝術學項目「基於非物質文化遺產保護的中國傳統營造技藝構成與類型研究」、北京市教育委員會人文社科計劃研究面上項目「中國傳統營造技藝類非物質文化遺產保護體系研究」。曾參與：聯合國人類非物質文化遺產「中國傳統木構建築營造技藝」申報工作；「全國文化信息資源共享工程」；「非物質文化遺產數字化保護工程」等國家重點工程以及多項國家級省部級課題。

提　　要

　　本文擬對江南地區傳統木構架營造的做法進行比較，理清不同地區及幫派營造工藝的異同，總結江南營造技藝的地域特徵與歷史特徵，從而提高對江南木構架的認識水平，並對非物質文化遺產分類保護進行理論探索。

　　本文共分為六章，第一部分為引言，對營造技藝這類非物質文化遺產進行概念上的闡述；對本文所研究的江南的範疇進行了界定，並介紹了江南木構架營造技藝發展的環境。第一章至第三章是對江南木構架從形制、結構、構造、做法、工藝等方面進行了比較研究，並做了建築學上的分析。第四章對江南木構架的裝飾工藝進行了歸納。第五章從歷史和地域文化的角度對江南木構架的特徵和內部差異做了分析，探討了歷史因素和地域因素的影響。

北京未來城市設計高精尖創新中心資助
項目號：UDC2018020821

目

次

引　言

第一節　江南木構建築營造技藝的研究背景與研究目的

一、研究背景

　　中國傳統建築以木結構為主體，以木、土、石、磚、瓦為主要建築材料，以榫卯為木構件的主要結合方法，以模數制為尺度設計和加工生產的手段，以師徒關係維繫技術與工藝的傳承。其營造的技藝體系延承七千年，遍及中國全境，成為增進文化認同、維繫民族感情的紐帶，並傳播到日本、韓國、朝鮮等東亞各國，是東方古代建築技術的代表。近年來，隨著非物質文化遺產概念的引入和非物質文化遺產保護工作的展開，傳統營造技藝被列入保護範圍，並得到越來越多的關注。同時，對傳統營造技藝的保護研究拓展了古建築研究的視野，使人們可以從技術、文化、民俗、人類學等多角度對建築進行綜合性的審視。從 2005 年起，中央政府開始非物質文化遺產的普查工作，並開展了遺產名錄的申報評審工作，在已經公佈的國家級非物質文化遺產名錄中涉及營造技藝的項目達 28 項〔註1〕。2009 年，由中國藝術研究院建築研究所負責申報的「中國傳統木結構建築營造技藝（Chinese Traditional Architectural Craftsmanship for Timber-framed Structures）」項目被聯合國教科文組織列入人類非物質文化遺產名錄。傳統營造技藝作為非物質文化遺產獲得了更多的關注。

〔註 1〕統計截止 2014 年。

中國傳統木結構建築是中國古代建築科學技術高度發展的歷史見證，是中華民族智慧和巧思的結晶。然而，由於古代建築匠人的社會地位普遍較低、文化程度不高，長期以來古建築營造工藝只能靠工匠師徒間口傳心授，留下的有關建築營造技藝典籍甚少。而近代對中國古代建築的研究也一直偏重於藝術形式方面，主要是對建築形象、造型特點、裝飾紋樣等方面的描述記錄。1980 年《中國古代建築史》出版時，原建築科學研究院在出版說明中指出「全書偏重於記敘，對源流變遷的論述還不夠……對建築藝術方面比較側重，建築的技術方面則注意不夠」。此後，1985 年出版了由中國科學院自然科學史研究所主編的《中國古代建築技術史》，開始了對古代建築技術發展的研究。直至 20 世紀 90 年代北京市房修二公司成立了古建技術研究室，編輯《古建園林技術》雜誌，並相繼出版《中國古建築木作營造技術》、《中國古建築瓦石營法》等著作，才開始對建築營造技藝尤其是操作工藝的研究。傳統建築藝術的研究逐漸走出對建造結果的研究，開始了對建造過程的研究。

唐宋以來，江南地區一直是我國經濟、文化發達的地區，建築技術成熟，且自成體系，與北方建築風格迥異。北方地區的傳統建築大多採用的以抬樑式為主的木構架形式，江南地區傳統建築則採用以抬樑、穿斗結合的木構架形式。抬樑式與穿斗式構架是中國傳統木結構建築的最主要結構體系。由此發生的兩種木構架營造工藝也是最為重要的建築技術。相比北方地區對清式建築營造技藝的研究，江南地區傳統營造技藝的研究相對遲緩。民國時期，姚承祖所著《營造法原》被認為是「唯一記述江南地區代表性傳統建築做法的專著〔註2〕」。該書的刊行極大地推動了人們對江南建築技術的關注。但需要說明的是，該書所記述的是蘇州及沿太湖周邊地區的建築做法，對於江南其他地區的建築做法少有涉及。而徽州、婺州等地的建築在木構件加工工藝、結合工藝、裝飾細部方面與蘇州地區都有著一定的差異。這些差異長期以來被人們所忽視，形成對江南建築的誤解。隨著對傳統建築研究的不斷深入與拓展，這些問題逐漸得到關注，在國家級非物質文化遺產名錄中，「香山幫傳統建築營造技藝」、「婺州傳統民居營造技藝」、「徽派傳統民居營造技藝」分別以獨立的項目入選。針對非物質文化遺產的搶救、保護與資料整理工作也隨之展開。與此同時，一些地方研究機構和組織也開展了對本地區傳

〔註 2〕姚承祖原著，張至剛增編，劉敦楨校閱，《營造法原（第二版）》，前言，中國建築工業出版社，1986 年。

統建築營造技藝的保護和研究工作，並取得了一些研究成果。蘇州民族建築
學會編寫了《蘇州古典園林營造錄》、《古建築工藝系列叢書》，蘇州房地產
管理局編寫了《蘇州古民居》。浙江、安徽等各地區研究單位針對本地傳統
建築工藝研究的著作《東方住宅明珠——浙江東陽民居》、《安徽古建築》等
陸續出版。東南大學、重慶大學、西安建築科技大學、哈爾濱建築大學、廣
西民族大學、昆明理工大學等院校也開展了營造技藝的研究工作。有關傳統
建築營造技藝的非物質文化遺產保護和研究工作正在受到更多關注，但相關
課題的研究還處在探索階段，大多研究成果僅停留在記錄階段。由於缺少對
營造技藝的歷史性以及地區之間的比較研究，對各地傳統建築營造技藝獨特
性和歷史價值的認識還有很大欠缺。營造技藝本體的研究也缺乏現代科學分
析，對各地傳統營造技藝的科學價值認識不足，這都使得非物質文化遺產保
護工作缺乏理論指導。2010 年，受文化部及中國非物質文化遺產保護中心委
託，中國藝術研究院建築藝術研究所劉託研究員主持編寫了《蘇州香山幫傳
統建築營造技藝保護規劃（徵求意見稿）》，爲科學有效地對非物質文化遺產
保護做出了積極的探索。在規劃的編製過程中，一些問題和困難不斷暴露出
來，主要是遺產特徵、價值的總結和評估工作缺少令人信服的依據，重點保
護與全面保護等分類保護規劃難以建立在系統的科學體系之上。於是，對傳
統營造技藝的信息比較、總結便成爲非物質文化遺產保護中的亟待完成的工
作。本文的研究正是基於這一背景提出的。在營造技藝的研究與保護工作
中，比較研究是基礎性的工作，有著十分重要的意義。從理論層面上講，對
營造技藝進行比較研究，根據對象的共同點和差異點，進行分析整理，分門
別類，找出規律，可以把紛繁複雜的材料加以條理化、系統化，使認識不斷
深化。從實踐層面上講，對營造技藝的各個子項進行比較可以有助於保護工
作的不斷推進，促進保護工作的可行性和可操作性，也將爲其他類型的技藝
遺產保護提供參考炴本。

二、研究內容與目的

　　本文擬對江南地區傳統木構架營造的做法進行比較，理清不同地區營造
工藝的異同，總結江南營造技藝的地域特徵與歷史特徵，從而提高對江南木
構架的認識水平，並對非物質文化遺產的科學保護進行理論探索。

　　相比北方和中原地區的木構架，江南木構架形制與工藝都有其獨特的地方特色，從歷史源流上也有著不同的發展脈絡，但南北方營造技術的交流卻從未間斷過。歷史上，由於中原戰亂引發數次人口大遷移，將中原建築技術帶到江南地區；宋室南遷和《營造法式》在蘇州重刊更使得官式做法在江南地區流行；明清時期徵調江南工匠進京，將江南匠藝帶到北方……。蘇州、徽州、婺州是人口遷移最為集中的地區，不同幫派的工匠一起工作，促進了技術交流，推動了技術革新。這些地區的做法最具地方特色，也最為複雜，是非物質文化遺產保護的難點和重點。在江南地區的營造技藝中，「香山幫傳統建築營造技藝」、「婺州傳統民居營造技藝」、「徽派傳統民居營造技藝」分別以獨立的項目入選國家名錄，成為非物質文化遺產保護的重點項目。本文正是出於非物質文化遺產保護工作的需要進行的基礎理論研究，重點對這三個地區的營造技藝進行梳理，並探討與周邊地區營造技藝的聯繫。本文選取蘇州、徽州、婺州三地典型的傳統木構架進行研究，包括：木構架的形制、構造；木構件加工工藝、結合方式；江南木構架特殊做法；江南木構架裝飾等，並結合其歷史源流、地理環境分析江南木構架的歷史特徵與地域特徵。

　　木構架營造技藝的內涵包括木構架營造中的所有精神文化遺產，既包括營造過程所需要的知識技能，也包括其中所伴隨的儀式、民俗等，前者在木構架的工藝特徵上有明顯的體現，而後者是營造過程的文化表現，兩者在營造過程中緊密相連，但實屬於不同類型的非物質文化遺產。本文研究注重營造技藝遺產的建築技術層面，所以研究的對象為營造的知識與技能部分。具體來說包括：木構架的樣式和形制，木構架構造，構件加工與結合工藝等。相比文物建築這類物質遺產來說，營造技藝作為非物質文化遺產比較抽象，並伴有很多感性因素，甚至很難用語言表達，是只可意會不可言傳的技能。所以本文從木構架的物質形態入手，通過對木構架的比較，研究其營造技藝。本文的研究採用以點帶面的方式進行，通過田野考察進行信息收集，以比較、歸納的方法梳理蘇州、徽州、婺州等地區營造技藝遺產的異同，總結江南地區木構架的特徵。對江南其他地區的做法本文也有涉及，主要分析地區間的異同與變化，對江南木構架的地域特徵進行探討。另外，本文還將對江南木構架的營造做法與蘇州民間著作《營造法原》、宋《營造法式》、清工部《工程做法》則例等文獻所記錄的做法進行比較，分析其歷史特徵。要說明的是，對於江南木構架營造技藝的源流、變遷以及成因等問題是十分複雜的，也現

有的研究成果所能夠解釋清楚的。本著謹慎治學的態度，本文無意對此問題進行過多的探索，而是致力於對客觀的信息進行整理和分析，以期爲今後深入研究進行鋪墊。

三、傳統木構營造技藝的概念闡述

聯合國教科文組織《保護非物質文化遺產公約》中，非物質文化遺產被定義爲「指被社區、群體，有時爲個人，視爲其文化遺產組成的各種社會實踐、觀念表述、表現形式、知識、技能、及相關的工具、實物、手工藝品和文化場所。〔註3〕」而在《保護世界文化和自然遺產公約》中，對（物質）文化遺產的定義爲：「文物：從歷史、藝術或科學角度看具有突出的普遍價值的建築物、碑雕和碑畫、具有考古性質成份或結構、銘文、窟洞以及聯合體；建築群：從歷史、藝術或科學角度看在建築式樣、分佈均勻或與環境景色結合方面具有突出的普遍價值的單立或連接的建築群；遺址：從歷史、審美、人種學或人類學角度看具有突出的普遍價值的人類工程或自然與人聯合工程以及考古地址等地方。〔註4〕」對兩者進行比較，可以看出，兩者都是對人類具有普遍價值的文化遺產，區別在於後者的基本性質被確定爲「文物、建築群、遺址」等物質遺產，前者的基本性質被確定爲「社會實踐、觀念表述、表現形式、知識、技能」等精神（意識）遺產。所以，相對於物質文化遺產，非物質文化遺產的內涵可理解爲精神（意識）文化遺產，同時其概念所涉及的範疇還包括在實踐中所不可缺少的「相關的工具、實物、手工藝品和文化場所」。非物質文化遺產作爲人類在歷史實踐過程中形成精神（意識）的財富不斷傳承，並在新的實踐中不斷創新發展，是維護人類文化多樣性的重要遺傳基因，對於認識人類歷史有著重要作用。

相比物質文化遺產，非物質文化遺產作爲人類精神（意識）的文化遺產有著很多區別，這些屬性與精神（意識）相對於物質的區別相類似。首先，意識存在於人與人類社會中，非物質文化遺產作爲人類精神（意識）文化遺產存在於傳承人與傳承社會中，其載體爲人或人類社會，需要通過人進行傳

〔註3〕《保護非物質文化遺產公約》第一章，第二條，《聯合國教科文組織保護世界文化公約選編》，法律出版社，2006，第21～22頁。

〔註4〕《保護世界文化和自然遺產公約》第一章，第一條，《聯合國教科文組織保護世界文化公約選編》，法律出版社，2006，第36頁。

承。另外，非物質文化遺產作爲精神（意識）遺存，是在人類社會不斷地實踐中形成的，也需要人類在不斷地歷史實踐中傳承發展。非物質文化遺產始終是以一種可變的過程存在，如果沒有了發展變化，非物質文化遺產也就走向滅亡，成爲歷史的記憶。非物質文化遺產的精神（意識）屬性所表現出來的特點，在保護工作中需要特別加以重視。對非物質文化遺產傳承性和流變性的保護是相比物質文化遺產保護的特別之處。

根據《保護非物質文化遺產公約》以及我們對非物質文化遺產概念的分析，傳統營造技藝作爲人類生活生產實踐中重要的精神（意識）遺產，他所包括的非物質文化遺產信息將不僅僅局限於營造技能，而是涵蓋了傳統營造過程中所有的意識層面的、具有重要價值的文化遺產。同時還涉及到相關的工具、實物等內容。這些內容十分龐雜，既包括建造房屋所需的知識、技能，也包括建造中所包含的民俗、儀式、觀念等。爲了準確地界定保護對象的範疇，我們可以從非物質文化遺產概念出發對其內涵和外延加以分析。非物質文化遺產的概念定性爲「社會實踐、觀念表述、表現形式、知識、技能」等意識，具體到營造技藝類遺產，可以劃分爲營造技術方面的意識和文化方面的意識。其中，營造技術主要包括：傳統建築的樣式與構造知識、傳統建築施工工藝流程、工具的使用和建築細部的製作、加工、安裝等操作工藝。這些技術保證了傳統建築營造中技術的原眞性，是傳統建築營造尤其是歷史建築修繕、復建的基本要求。同時，建築的營造與人們生活緊密相關，在中國歷來倍受重視。在長期的生產勞動和社會生活中形成了眾多民俗，建造過程中伴有豐富的相關禁忌和文化儀式。這些文化方面的意識遺產反映了古代中國人的宇宙觀，揭示了中國傳統社會等級制度和人際關係，蘊涵了獨特的審美意象。〔註5〕技術與文化兩方面的精神（意識）遺產共同構成了傳統營造技藝遺產的基本信息。非物質文化遺產的概念中相關因素還包括「相關的工具、實物、手工藝品和文化場所」。在傳統建築營造過程中所需的相關工具和建築材料是保證營造工藝原眞性重要因素，這些因素成爲傳統營造技藝遺產的不可或缺的相關信息。

具體來講，傳統建築營造技藝遺產的技術構成主要指傳統建築的營造中所需要的知識技能、手工技藝等技術性遺產。對於傳統營造技術而言，傳統

〔註 5〕中國藝術研究院建築藝術研究所，「人類非物質文化遺產——中國傳統木結構建築營造技藝」申報書。

工匠長期以來以師徒間的「言傳身教」沿襲技能的傳承。這種技能是在師傅的帶領下不斷實踐，並通過細心觀察和領悟得來的，很大程度上是一種經驗性的、感性的認識。操作中，很多技能屬於手工操作工藝，並無定法，必須通過師徒間的心領神會和反覆不斷地練習並在實踐中加以活用才能掌握。所謂「只可意會，不可言傳」即指此意。同時，匠人在實踐過程中，不斷總結出了一些規律性的知識，上升成為理性層面的認識。這些知識包括建築的尺寸、構造、用料、做法、工序等。通過分析，傳統木構建築營造技藝的構成要素可歸納為：

1、營造的組織與流程

在營造前期，一般由木作作頭與東家商量決定建築的等級、形制、樣式，並控制建築的總體尺寸。在營造過程中，一般以木作作頭為主、泥水作作頭為輔，作為整個施工的組織者和管理者，控制整個工程的進度和各工種間的協作工作。各個工種的工匠師傅各司其職、緊密配合，保證工程有條不紊的進行。可以看出，傳統營造工藝已經發展成為成熟的施工體系，每道工序環環相扣，是比較科學的流程。

2、樣式、構造、尺寸及定料

傳統木構建築的構造、尺寸以及定料，一般也由作頭或帶班班頭決定。為了方便記憶，匠人將這些內容以口訣的方式加以總結。這些內容相當於傳統營造技術中的高級技術，類似於現代建築的設計知識，比如建築的平面布局，建築構件的尺寸，木構架構造上的特殊節點，斗栱的製作安裝等等。但應該說明的是，這些知識在實際操作中還有很大的不確定性，需要工匠根據經驗進行補充。

3、手工操作技巧、工藝等內容

傳統匠人大部分從事的工作屬於手工操作工藝。這些手工技能既包括對細部做法的處理能力，也包括對工具的使用技能。在操作過程中，匠人所要面對的問題十分龐雜，並沒有絕對的答案。在做法上，需要隨機應變，往往通過試、擺、配、湊等方法，依靠經驗作出決定。這些方法在流傳的過程中千變萬化，每個工匠都有自己的一套解決辦法，即所謂「法無定法」。在具體操作「量」的控制上，匠人也大多以經驗為依據，憑感覺大概得出最佳結論。這既是手工技藝的基本特點，也是採用天然建築材料的必然結果。在加工、

製作、雕飾、油漆等具體手工工藝上，還有很多屬於「手藝」、「技巧」的東西，匠人要做到心與手的合一，心與工具的合一，心與材料、加工對象的合一。這些操作工藝既涉及到構造原理，也涉及審美品味，是工與藝相互結合的創作過程。要想達到技藝精湛，需要不斷地練習才能掌握，是只能「心傳」的本領，尤其是在建築的裝飾工藝中，如木雕、石雕、磚雕、彩畫等工藝，更有賴於匠人即興發揮而至渾然天成。

中國傳統文化源遠流長，在中國人看來，建築不僅是遮風避雨的場所，也是心靈棲息的家園，房屋的建造更被看做事關子孫後代香火延續家族興旺的大事。建築被人們賦予了很多文化上的意義，在建造的過程中也滲透很多文化因素，比如相地選址中的風水踏勘、立基動土時的慶賀儀式、上樑覆瓦的民俗活動等。宗族聚落的建設還受到風水理論的巨大影響。房屋的選址、定向一般都要按照覓龍、察砂、觀水、點穴的步驟對環境進行細緻的考察，建房時的程序和規矩也受到地方文化習俗的影響，並伴有一系列相關的民俗活動和儀式。這些民俗活動和儀式與建築的營造密不可分，也是非物質文化遺產中的重要組成部分。

對於傳統營造技藝的保護，我們看到，由於非物質文化遺產的意識屬性，它必然以人或人類社會作為載體而存在，且具有傳承流變的特性。對非物質文化遺產的保護歸根結底是對其傳承人和人群的保護，保護遺產通過載體不斷傳承、發展。對於傳統營造技藝來說，其傳承人是以集體形式出現的，各個工種的匠人協同工作共同完成營造過程。營造技藝傳承體系包括傳承載體——匠師及其團隊和傳承方式——師徒口傳心授兩個方面的內容。非物質文化遺產作為活態的有生命力的遺產，在保護中「要尊重其內在的豐富性和生命特點。不但要保護非物質文化遺產的自身及其有形外觀，更要注意它們所依賴、所因應的構造性環境。」〔註6〕傳統營造技藝生存的自然環境為其提供了建築材料和相應的氣候環境，而當人們的傳統生活方式則是傳統建築能夠保持生命力的重要保障，營造過程中的民俗、禁忌也與當地的人文環境息息相關，這些環境因素都是傳統營造技藝生存發展的要求。

〔註6〕劉魁立，《論非物質文化遺產保護的整體性原則》，張慶善主編，《中國少數民族藝術遺產保護及當代藝術發展國際學術研討會論文集》，文化藝術出版社，2004。

營造技藝遺產範疇	本體信息	技術構成 文化構成
	本體相關信息	建築工具與材料
	載體	傳承人 團體與行業組織 傳承方式
	環境	自然氣候環境 人文社會環境
	相關歷史建築	

第二節　江南的範圍與環境

一、本文的研究對象與研究方法

　　本文研究的對象爲江南木構架的營造技藝，自然要對所研究對象有一個範疇的劃定，因爲歷史上江南地區並不是一個明確的地域範圍，在不同時代有著不同的意義〔註7〕。早期的江南是一個方位概念，主要是指長江中下游以南，五嶺以北的廣闊地區。至唐代，「江南道」作爲一個行政區的名稱出現，包括今天的浙、贛、湘閩四省和蘇、皖南部地區。盛唐時區，爲便於管理，又將江南道劃分爲江南西道和江南東道，江南西道轄十七州，江南東道轄十八州〔註8〕。宋代，江南東道被劃分爲兩浙、福建和江南東路〔註9〕。明代，江南兩字不再出現在行政區名稱中，而江南地區的經濟和文化概念卻流傳下來，從今天學者對江南的經濟和文化研究來看，通常指蘇南、浙北以及皖南地區，並以環太湖流域爲中心，成爲江南的經濟中心〔註10〕。當我們再對比

〔註 7〕沈黎在其申請博士學位論文《香山幫匠作系統變遷研究》對香山幫地域範圍論述中，整理了江南名稱由來以及範圍變化。

〔註 8〕譚其驤主編，《簡明中國歷史地圖集》，中國地圖出版社出版，第 39～46 頁。

〔註 9〕譚其驤主編，《簡明中國歷史地圖集》，中國地圖出版社出版，第 51～56 頁。

〔註 10〕錢杭、承載：《十七世紀江南社會生活》，浙江人民出版社 1996 年版，第 1 頁。李伯重：《江南的早期工業化（1550～1850）》，社會科學文獻出版社 2000 年版。〔日〕斯波義信著，方健、何忠禮譯：《宋代江南經濟史研究》，江蘇人民出版社 2001 年版。

語言文化劃分的區域時，可以看到吳語區加上徽語區的範圍，也就是皖南、蘇南、浙江地區這些地區的建築形式有著極大地相似性，建築史上一般所指的江南建築也正分佈在這一區域。這一地區在中國建築氣候區劃圖上統一被劃為 IIIA 區，屬夏熱冬冷地區，這也決定了建築的熱工要求較為一致，其營造技術在長期的發展過程中應趨向統一。(0-1-1 唐初期地圖及江南位置、0-1-2 盛唐時期地圖及江南位置、0-1-3 北宋時期地圖及江南位置)

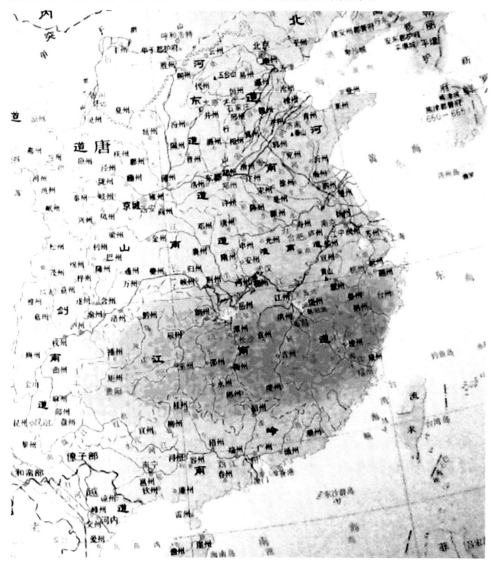

0-1-1 唐初期地圖及江南位置

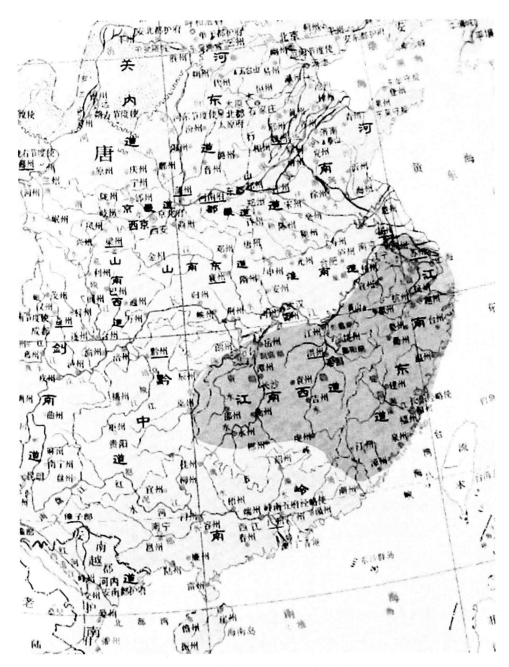

0-1-2 盛唐時期地圖及江南位置

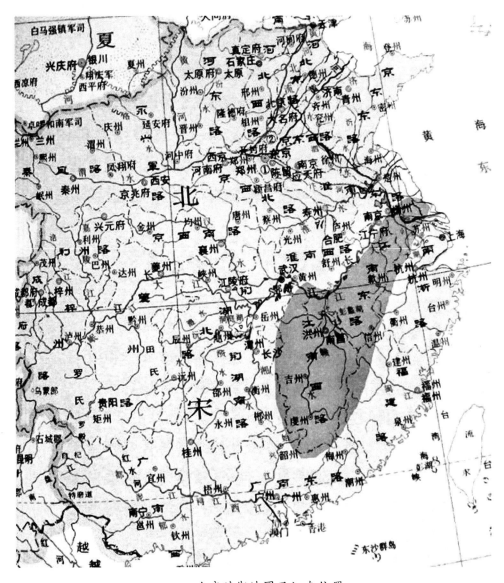

0-1-3 北宋時期地圖及江南位置

　　本爲研究的地域範圍則參考以上討論的結果，以蘇南、皖南、浙江地區的木構架營造技藝作爲主要研究對象，同時爲了說明江南地區木構架營造技藝的發展與變化，本文研究的範圍也涉及到周邊地區，如江西、福建以及與北方建築的比較。在已經公佈的三批國家級非物質文化遺產中，有「香山幫傳統建築營造技藝」、「婺州傳統民居營造技藝」、「徽派傳統民居營造技藝」入選國家名錄，正好覆蓋了我們所探討的蘇南、皖南、浙江地區，對這三項入選國家名錄的營造技藝的進行比較研究自然成爲本文的主要內容。

　　由於非物質文化遺產要求傳承的技藝必須是活態的延續的技藝，而不能是歷史的記錄，這決定了我們所研究的對象應該是還在沿用的技藝。對於江南木構架來說，所遺留的木構架大多爲明清建築，傳統營造技藝也是對此進行建造和修繕的技藝，所以我們所研究的技藝也以明清建築的營造技藝作爲比較的對象。木構架營造技藝工序複雜，工種繁多，如果從工匠的匠藝入手，將是十分困難的。爲了梳理出江南木構營造技藝的特徵，本文從物質產物入手，探討其製作的工藝特徵，也就是通過對江南木構架的比較，梳理其營造技藝的特徵，是較爲可行的方法。

二、江南的地理與自然環境

　　江南地區的地理環境是南高北低，南部多山地，北部多平原間有少量平原。南部山區由諸多山脈交割形成，山勢陡峭，道路艱險。如天台山、天目山、天平山、黃山、九華山等等。北部地區是以太湖爲中心的平原地區，水網密集，土地肥沃，自然條件優越。北部平原的西側以及環太湖周邊，有一些低矮的丘陵，海拔 200 至 300 米之間，如靈巖山、惠山、東山、西山等，盛產優質石材，爲建設生產提供了有利的條件。

　　具體來說，北部太湖周邊的蘇州地區是江南經濟的中心區，該地區水網發達，湖泊眾多，長江、大運河、太湖、陽澄湖等河湖都彙集在周圍，水面占總面積的 15%，水資源十分豐富。蘇州地區土地肥沃，物產豐富。素有「魚米之鄉」的稱謂，盛產大米、小麥、油菜，以及各類水產品和優質蠶絲。發達的經濟爲營造活動提供了強大的財力支持。早在春秋戰國時期，吳地的冶金就在諸侯國中享有盛譽。發達的冶金業爲香山幫匠人提供了斧頭、鋸子、鉋子、鑿子等優質工具。建築離不開良好的建築材料：其中最主要的有木材、石材和磚瓦等。太湖沿岸的山上，植被覆蓋率高，生長著各種茂密的樹木，工匠可以就地取材。太湖附近還出產各類石材。太湖石、石灰石、花崗石和黃石，構成蘇州本地石材的「四大金剛」。蘇州郊外，出產燒製優質磚瓦的細泥。蘇州城北齊門外陸墓一帶磚窯林立，被皇帝欽定爲「御窯」。

　　南部的浙江省境內大部分爲山地和丘陵，平原面積不到三分之一，加上河湖密集，耕地面積較少。這使得人們在建造房屋時不得不考慮較少佔地，通過加高層數，利用坡地、出挑等方式增加建築面積。浙江地區的建築木材主要有松、杉、樟木等，產自錢塘江上游的稱爲「上江木」，產自甌江上游的稱爲「溫木」。錢塘江上游還盛產桐油和生漆等建築材料。

西南部的徽州地區以山地居多，著名的黃山山脈位於徽州的西北部，天目山和率山分佈於南部與浙江的邊境。徽州地區山地與丘陵面積占到總面積的十分之九，山脈間適宜居住的盆地只占到總面積的十分之一，可建用地十分緊張。其中徽州盆地與寧國盆地是最大的兩個盆地，面積超過一百平方公里，是徽州主要的聚居區。徽州地區的土質以紅土壤最多，適宜種植茶樹、松木、杉木等經濟作物，盛產桐油，歙縣、績溪生產的熟漆聞名全國。黃山地區所產的黃松、赤松、馬尾松、杉樹、椴木等品質上佳，是極好地建築材料。

根據中國建築氣候區劃圖，江南地區位於 III 區，屬夏熱冬冷地區，該區建築氣候特徵為：夏季悶熱，冬季濕冷，氣溫日較差小；年降水量大；日照偏少，春末夏初多陰雨天氣，常有大雨和暴雨出現；沿海地區夏秋常受熱帶風暴和颱風襲擊，易有暴雨大風天氣。該區氣候特徵如下〔註11〕：

「7 月平均氣溫一般為 25～30℃，1 月平均氣溫為 0～10℃；冬季寒潮可造成劇烈降溫，極端最低氣溫大多可降至-10℃以下，甚至低於-20℃；年日平均氣溫低於或等於 5℃的日數為 90～100d；年日平均氣溫高於或等於 25℃的日數為 40～110d。」

「年平均相對濕度較高，為 70%～80%，四季相差不大；年雨日數為 150d左右，多者可超過 200d；年降水量為 1000～1800mm。」

「年太陽總輻射照度為 110～160W／㎡；年日照時數為 1000～2400h；年日照百分率一般為 30%～50%。」

「12 月至翌年 2 月盛行偏北風；6～8 月盛行偏南風；年平均風速為 1～3m／s，東部沿海地區偏大，可達 7m／s 以上。年大風日數一般為 10～25d，沿海島嶼可達 100d 以上；年降雪日數為 1～14d，最大積雪深度為 0～50cm；年雷暴日數為 30～80d，年雨淞日數，平原地區一般為 0～10d，山區可多達50--70d。」

「6～10 月常有熱帶風暴和颱風襲擊，30 年一遇最大風速大於 25m／s；暴雨強度大，局部地區可有 24 小時降雨量 400mm 以上的特大暴雨，夏季有海陸風，不太悶熱。」

〔註11〕 中華人民共和國國家標準 GB50352-2005《民用建築設計通則》，北京：中國
建築工業出版社，2005，6～7 頁。

該區建築基本要求應符合下列規定：

「建築物必須滿足夏季防熱、通風降溫要求，冬季應適當兼顧防寒。」

「總體規劃、單體設計和構造處理應有利於良好的自然通風，建築物應避西曬，並滿足防雨、防潮、防洪、防雷擊要求；夏季施工應有防高溫和防雨的措施。」

「IIIA 區（沿海的 III 區）建築物尚應注意防熱帶風暴和颱風、暴雨襲擊及鹽霧侵蝕。」

從建築圍護體系的構造特點上看，江南地區氣候溫和，對建築保溫要求不高，建築通過屋頂空層、翻軒、空斗牆等做法基本滿足要求。該地區夏季多雨，屋面防水是重點要解決的問題，而江南傳統屋面防水構造除瓦件外並無特殊之處，明顯不能滿足要求。近年來，瓦的質量有所下降，漏雨問題更加突出。（0-1-5 中國建築氣候區劃圖）

0-1-5 中國建築氣候區劃圖

三、江南的歷史與人文環境

江南是我國上古文明的發祥地之一，新石器時代，長江下游流域的文明已十分繁榮。這裡先後出現河姆渡文化、馬家浜文化、崧澤文化、良諸文化等。從考古發現的歷史遺跡中，出土了技藝精湛的陶器和玉器，其建築技術也已達到了較為發達的水平。從河姆渡遺址中可以看到，至遲在 7000 年以前，江南地區的房屋建造中已大量運用木構樑柱和榫卯結構。充分顯示了江南木構營造技藝的悠久傳統。河姆渡文化遺址中的木構建築遺跡，被考古學家證實為干闌式木構架建築，這種集防潮、防野獸等優點的建築形式是我國最早的木構建築，也是南方木構架建築的祖源。

自春秋以來，吳、越地區經濟繁榮，人文薈萃。雄厚的經濟基礎和文化底蘊為江南營造技藝提供了良好的社會條件。

南宋以後，隨著政治文化中心的南移，江南成了商賈富豪，達官貴人雲集之地。這些人除了追求富足的物質享受以外，還有精神上的娛樂需要，對於居住的環境要求也更高，這為建築業的發展創造了有利條件，也對營造技藝的進步起到了很好的推進作用。據記載，我國古代建築的重要專著——《營造法式》，就是於南宋紹興年間重新刊印於蘇州〔註12〕。這部建築「法典」的頒佈，不僅對各類建築工程進行了規範，更對提高並促進江南地區建築技術水平起到了巨大的推進作用。

江南地區風物清嘉，人文薈萃，文化積澱十分深厚。戲曲、音樂、書畫、篆刻等都有傳承久遠，聲名遠揚。傳統手工藝更是歷史悠久，底蘊豐厚。徽州三雕、東陽木雕、蘇州御窯金磚製作技藝早已名聞天下，且均以獨立項目入選國家級非物質文化遺產。這些手工技藝與建築營造息息相關，成為建築的裝飾組成或是提供了高質量的建築材料。高超的手工藝提高了建築的品質，也對營造技藝產生著深刻的影響。江南建築中的楹聯字畫、雕刻泥塑、磨磚對縫無不顯示著江南地區的文化藝術和工藝水平。

〔註12〕梁思成，《營造法式注釋序》，《梁思成全集（第七卷）》，中國建築工業出版社，2001 年，第 9 頁。

第一章 建築形制與木構架結構比較分析

第一節 平面布局分析

一般來說，建築的平面布局主要受到使用功能和用地情況的影響，但在對傳統建築的調查中我們發現，各地區傳統建築在如何布局上逐漸形成了自己的傳統方法和模式，這種模式雖然不是一種必然結果，但對建築的布局實實在在產生著重要的影響。所以我們將各地建築布局的基本模式和變化方法進行總結並加以比較，從而揭示其形成的深層意義。

一、典型的基本平面形式

蘇州地區傳統的單體建築（除亭子外）大部分都為矩形平面，其面闊方向稱為寬，由樑架分割形成間架，左右兩榀屋架之間為「一間」。受等級制度的限制，蘇州傳統木構建築通常以三至五間橫向連接的建築為單位，稱為「落」。落與其正面的庭院組成「進」，多進縱向串聯，並以高牆圍合，便成為一落多進的宅子。這樣的宅子房間全部南向採光，院落橫向開啟，居住舒適，佔地較大，一般要建在較為平坦的地區。蘇州網師園旁的住宅就是這種類型的建築。該住宅中軸建築共四進，由南向北依次為門廳、轎廳、萬卷堂、擷繡樓。其中擷繡樓為二層樓房，其餘為單層建築。（圖 1-1-1 網師園住宅平面圖、圖 1-1-2 蘇州建築基本單元與縱向序列、1-1-3 網師園入口、1-1-4 網師園轎廳、1-1-5 網師園萬卷堂（大廳）、1-1-6 網師園擷繡樓（花廳））

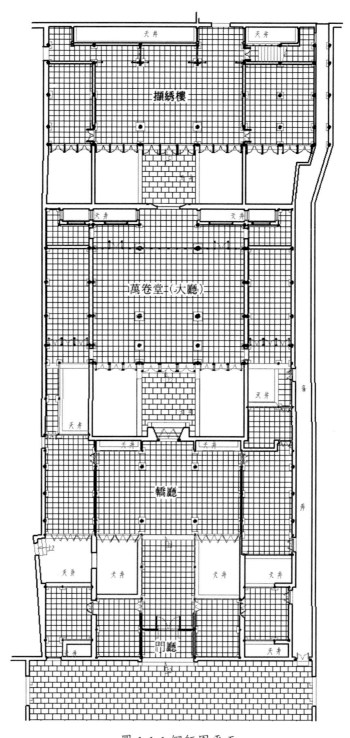

圖 1-1-1 網師園平面

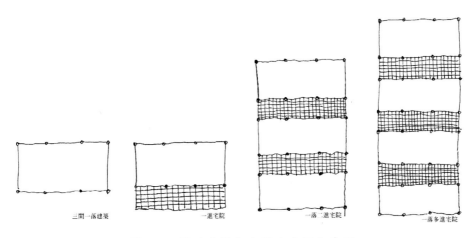

圖 1-1-2 蘇州建築基本單元與縱向序列

相比蘇州民居，徽州民居的平面布局更為緊湊，堂、廂房、門屋、廊等圍繞天井形成封閉式內院。正房面闊三間，廂房兩側設廊屋，形成「一明兩暗」，平面呈「凹」字型的基本單元。基本單元通過正、反拼合等多種拼合方式又形成了以天井為中心的回字形（也稱「上下對堂」）、H 形、日字形（三間兩進）等平面。徽州民居多以 2、3 層樓房為主，其空間組織一般為「門廊－天井－廳堂－左右廂房－廚房－庭院」，大門置於中軸線上或經山牆一側的門道進入住宅。相比蘇州地區的建築，徽州住宅在採光、通風條件上差了很多，房間朝向也不很講究，主要靠狹小的天井來解決，因此天井成為建築空間組織的中心，具有通風、採光、排水、遮陽、交通等功能。（1-1-3 徽州建築基本單元與縱向序列、1-1-4 凹型平面、1-1-5 回型平面、1-1-6 H 型平面、1-1-7 日字型平面、1-1-8 縱向串聯平面）

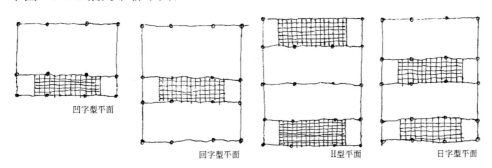

1-1-3 徽州建築基本單元與縱向序列

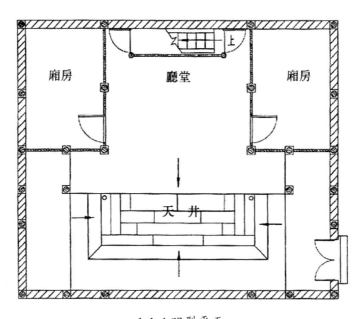

1-1-4 凹型平面

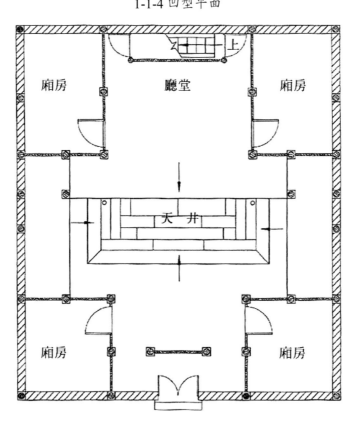

1-1-5 回型平面

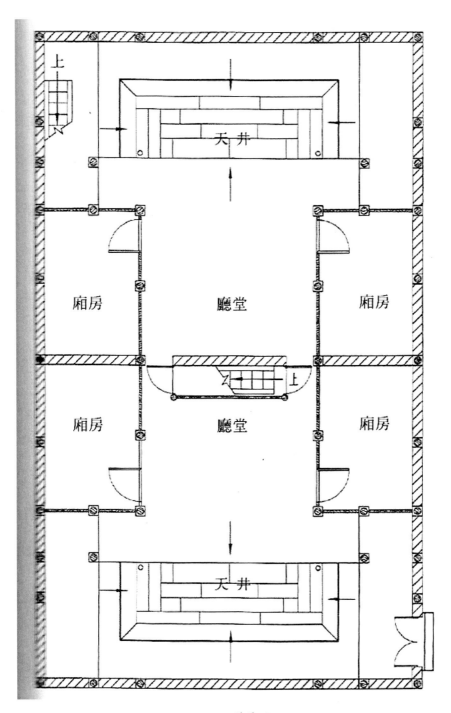

1-1-6 H 型平面

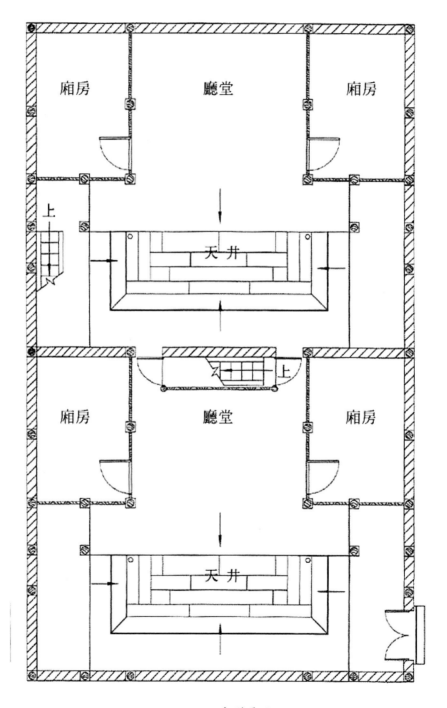

1-1-7 日字型平面

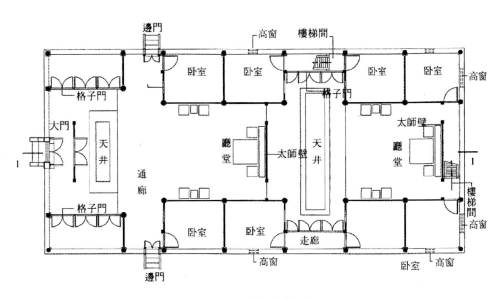

1-1-8 縱向串聯平面

　　浙江中部地區的婺州民居，其基本平面布局是一種稱爲「十三間頭」的模式。即正屋三間，兩廂房各五間，以高牆封閉圍合成三合院的形式。十三間頭的天井比較大，更近似於院落，因此各個房間的採光、通風也更加良好。十三間頭是一種較爲普遍的中型住宅，其基本單元依然爲一字型三開間的一堂二室的三間頭房屋。但從空間組織上，婺州民居更傾向於擴大廂房面積，增加院落空間。這樣，建築的平面形式更加方正，居住環境更加舒適。除此以外，十三間頭還有很多變形，如七間頭、九間頭、十一間頭、十五間頭、十八間頭、二十四間頭等等。這些平面形式與十三間頭一樣，都是圍繞天井院落增加或減少三間頭或廂房而組成的。比如以兩個三合院背靠背組合就是一個 H 形的合院，這與徽州的 H 形合院平面有相似之處。還有在十三間頭前面嵌入一組三間頭並增加廂房的做法，成爲十八間頭的四合院形式。或是在十三間頭前直接增加一排七間的倒座，中間開大門，成爲四合院。四合院的形式實際常常是二十間房，但當地仍然稱之爲十八間頭，大概是因爲十八正好是兩個九，九九爲陽數之極更爲吉利的緣故。（1-1-9 婺州民居基本單元與縱向序列、1-1-10 典型的十三間頭平面、1-1-11 十三間頭鳥瞰、1-1-12 典型的三進院）

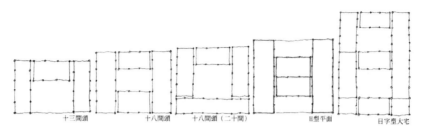

十三間頭　　　　十八間頭　　　十八間頭(二十間)　　　　H型平面　　　　日字型大宅

1-1-9 婺州建築基本單元與縱向序列

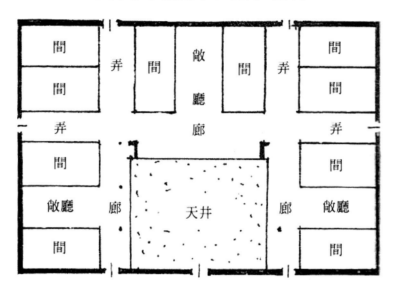

1-1-10 典型的十三間頭平面

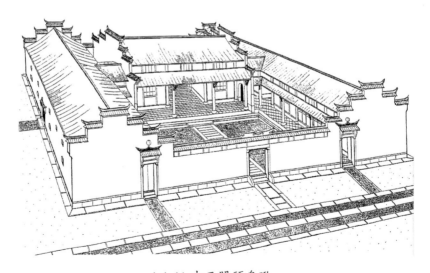

1-1-11 十三間頭鳥瞰

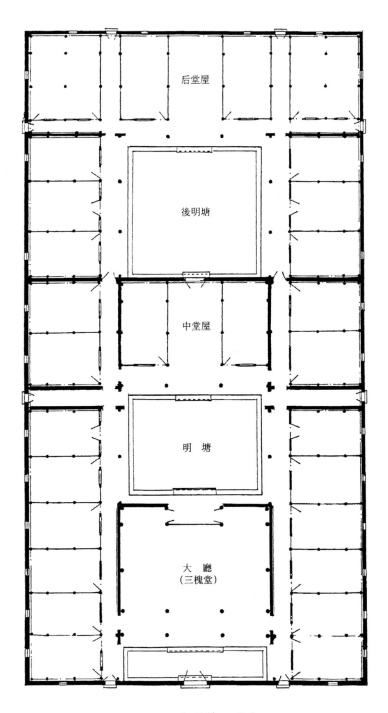

1-1-12 典型的三進院

二、平面的拓展與變化

　　蘇州地區的建築除了通過基本單元的縱向串聯以外，還可以向橫向方向發展，中間一落稱為正落，兩邊稱為邊落。邊落與正落之間以「弄」相聯繫。典型的大型住宅可以概括為三落五進式。正落五進居中，軸線明確，兩旁各三進，主次分明。正落的各個房屋前後貫通，按進深方向布置門廳、轎廳、正廳、內廳和繡樓等。門廳是第一進院的主要建築，中間為過廳，兩旁設有門房和服務用房。轎廳一般位於第二進，是用於上下轎用的建築空間。第三進為正廳，是最主要的禮儀、接待用房。一般三或五開間，中間最寬，兩邊遞減，正間後金柱間設板壁以避免直視內院。第四、五進為內廳，是主人和內眷生活起居的地方。第五進內廳常常建為樓房，供家中的小姐居住，又稱繡樓，下層是供起居之用，上層為臥室。正落是整個家族中長輩和主人的居住活動場所，也是進行禮儀、接待活動的地方。正落兩邊是邊落，中間以備弄相連。

　　邊落中第一進院，也就是橫向對應正廳的位置布置為花廳，花廳前面的院落是前花園，這裡圍合了相對隱私和幽靜的空間。花廳後面可布置次要房間和服務用房，最後面的房屋作為廚房，可通過後門或備弄通往街市或河道。邊落沒有直接對外的入口，前後也不相貫通。要想進入邊落，必須首先通過正落的入口，然後由備弄和天井進入房間。這種布局形式界定了各個房屋對外的聯繫性，使得進行禮儀活動的廳必須布置在正落上，反映了內外有別，主次有序的思想觀念。僅在正落上設置入口也體現了不能另立門戶的傳統思想。（1-1-13 留園東宅復原平面、1-1-14 蘇州富郎中巷陳宅）

　　同樣，徽州民居的單元組合也有縱向、橫向連接的不同模式。徽州地區，常常是同一個族姓的大家族聚族而居，住宅也常因家族中父子、兄弟等血緣關係連在一起。於是在徽州常常出現相對獨立而又聯繫緊密的一組建築群。群中的每一個單元都自成體系，功能齊全，同時又相互聯繫，並整體對外封閉，顯示出很強的整體性。並聯的居住單元是指左右橫向連接，在共用的側牆開門，使天井聯通。門閉合後，各自成為獨立的居住單元。串聯式是在基本單元的軸向上繼續增長，每一進增加一個天井，或面向，或背向，根據使用功能和地形要求串聯在一起。這種連接更為親密，但相互之間有所影響，且對地形要求較高。還有一種形式，是以院落空間作為中樞，將幾組建築的入口組織在一起，然後設置統一的入口，從而組成一組建築。這種建築組群中，每個單元的獨立性較強，關係較為疏遠。無論並聯、串聯或是天井院落

連接，徽州民居的組織方式都是圍繞天井展開的，天井在徽州民居中有著重要的位置。位於棠樾的保愛堂建於清嘉慶初年，建時有 36 個天井，108 間房。天井的巧妙設置使得這樣一組龐大的建築群有了較爲良好的居住環境，解決了土地狹小、容積率高的實際難題。位於鄭村西溪的和義堂建於明末清初，三進三列，平面呈九宮格狀，設有 16 個天井，平面嚴整，布局講究，與傳統禮制相合，是大型住宅中典型範例。（1-1-15 歙縣棠樾保愛堂平面）

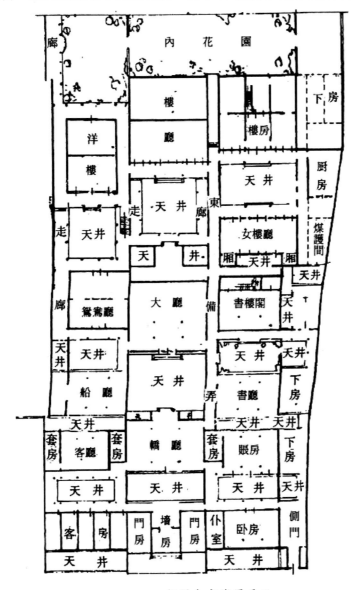

1-1-13 留園東宅復原平面

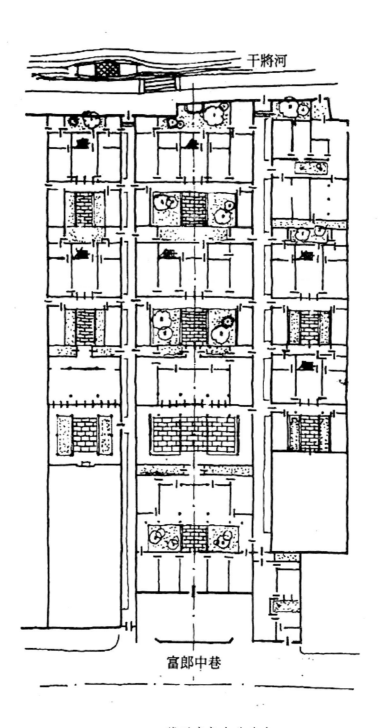

干將河

富郎中巷

1-1-14蘇州富郎中巷陳宅

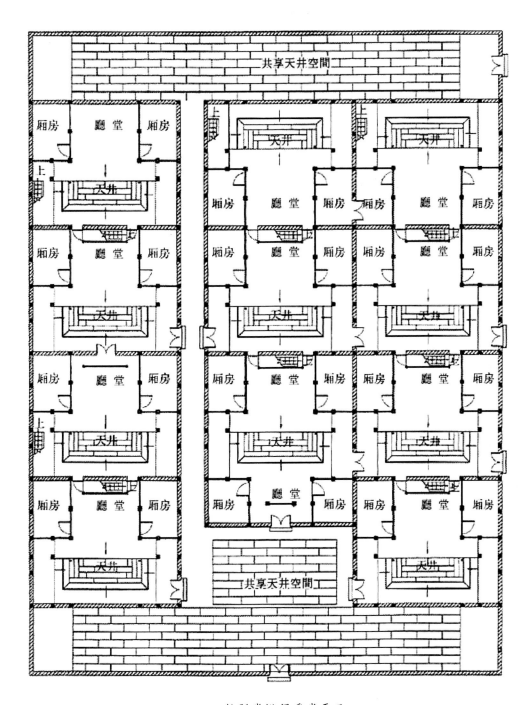

1-1-15 歙縣棠樾保愛堂平面

　　婺州民居的大型住宅除了以三合院基本單元進行組合變化以外，還有一種稱為套屋的形式。所謂套屋，是以中間較大的建築和院落為中心，周圍環

以小屋的形式。這種形式的中心院落和建築體量較大，是一個維繫家族的核心，也是整組建築群中居住條件最好的部分。在軸線上，以十三間頭的三合院為基本型組成四合院或日字型、目字型的縱向序列，再在兩側發展套房，兩側的套房與廂房中間形成許多小的天井，形成不同組團的小家庭，圍繞著中間的院落空間。這樣的群體主次分明，軸線突出，是一種很有特色的組團方式。如武義縣俞源村裕後堂是一組典型的三進兩院加套房的建築。第一進為門屋，中間三間為門廳，較為高大。第二進為大廳，三開間，高大寬敞。第三進為堂屋，七間正房，兩側共六間廂房，再向外兩側是套房。廂房與套房皆前後聯排，以連廊和天井貫通。裕後堂共有兩個大院，八個天井，158間房，規模宏大，是數代同堂的大家族住宅。院落、廳堂為家族公用空間，廂房為各個小家庭的組團，外圍的套房作為伙房等輔助用房，前後左右以連廊相連，呈井字型分佈，中間是共享的院落空間，交通便捷，井然有序。（1-1-16俞源村裕後堂一層平面、1-1-17雙向組合院落東陽白坦務本堂、1-1-18雙向組合院落東陽下石塘德潤堂）

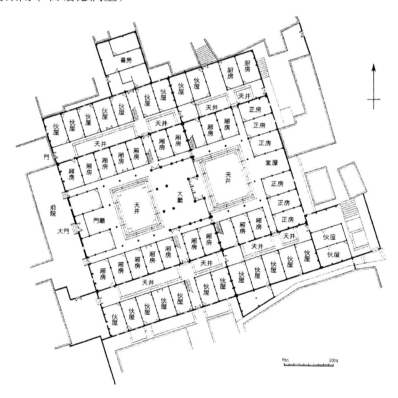

1-1-16俞源村裕後堂一層平面

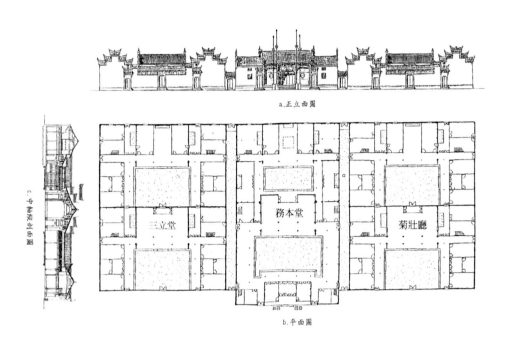

1-1-17 雙向組合院落東陽白坦務本堂

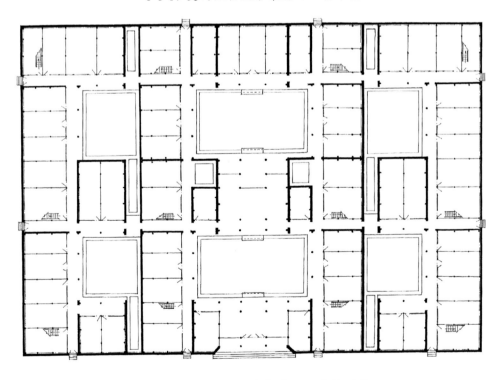

1-1-18 雙向組合院落東陽下石塘德潤堂

三、空間與環境分析

　　從居住環境方面來看，蘇州民居的房間大多朝南，每一進設有橫長的院落，爲了調節空間關係，常常在兩邊種植芭蕉、竹子等綠植，使院落空間看上去更爲方整，同時也很好的調節了建築小氣候。建築南北排列，南側建築高度較低，北側加高，最後設樓房，大多數房間有著很好的採光。房屋南北通透，廳內有穿堂風，通風效果最佳，是較爲理想的居住環境。徽州地區建築布局緊湊，只能靠天井解決採光通風問題，且徽州民居大多爲二或三層，底層的房間幾乎不可能有直接的採光，只能靠天井間接採光，這樣的環境對於居住來說是較差的。但這並不是說徽州民居是不宜居住的。徽州民居底層廳堂開啓，在視覺效果上與天井連爲一體，空間可謂寬敞，沒有了門窗，自然也最大限度的改善了採光問題。並且，徽州民居封閉性較強，圍合的天井成爲日常主要的生活、工作場所，擴展了建築使用空間，是較爲理想的生活環境。一樓的地面全部墊起，設有通風孔，以避免潮氣侵襲。二樓的採光通風環境相對較好，設有起居房間，是相對良好的居住空間。從整個建築而言，狹長高聳的天井與牆體上設置的小窗洞共同形成了熱壓通風體系，改善了因房間不通透所造成的悶熱閉塞。通過這一系列的精巧設計，徽州民居在極其狹窄的空間解決了實際問題，滿足了生活所需要的多種條件，應該說，徽州民居是充滿智慧的建築設計傑作。婺州民居有著較爲寬敞的庭院，房間圍繞庭院進行布置。從居住環境上看，正房廳堂的採光通風環境最好，東向廂房其次，西向廂房再次，外側的火屋最次。因此建築的使用功能也依次分配，正房多作爲最重要的公共用房，廂房爲家庭生活用房，夥屋爲僕人居住或廚房倉庫用房，而較大的庭院則是聚居生活的場所，各種房間皆有所用，並最大限度的保證了主要生活環境的質量。

　　從空間與交通組織上，蘇州民居各進建築、院落以軸線貫穿，建築之間的關係較爲鬆散，有時在兩側設有連廊，但並不是主要交通方式，大多是穿堂而過，建築之間缺少聯繫。正落與邊落之間以備弄連接，加強了交通的聯繫，但各成體系，相互之間缺乏形式上的軸線和實際的交通連廊。從建築組群上看雖有主次之分，但建築群的整體性較差，更像是整齊排列的廠房，缺少總體設計和形式美。徽州民居通過凹字型基本單元的組合變化，形成建築組群。每一個功能單元十分緊湊，對外封閉，如同堡壘一般，整體性非常好。空間上，以天井爲中心，通過連廊組織交通，聯繫緊密，便捷性也很好。可

以說，徽州民居基本單元的平面形式是建築設計的精品。而對於徽州民居的大型住宅組群，設計上則顯得有些簡單。大多數的徽州民居組群僅僅將基本單元在縱向和橫向上進行複製，或是通過集中的一個出入口聯繫在一起，群體上缺少主次之分，重點不夠突出。在使用功能上也很難明確各個單元的差別，視覺效果上也略顯平庸。婺州民居是以軸線上的院落作爲中心組織建築組群的，建築以此爲中心向兩側展開。建築通過院落和兩側的天井組織在一起，其中以連廊作爲交通聯繫，四通八達，十分便捷。婺州民居其實不存在可以進行複製的基本單元，而是以十三間頭作爲一種可以模仿的組織形式，由此根據使用需要發展成七間頭或十八間頭等不同規模的建築平面。另外，婺州民居還採用了套屋的形式，在廂房外側在增加一圈夥屋，作爲更次要的輔助用房。這樣，正房、廂房、夥屋層次更加豐富，使用功能上也很明晰。視覺效果上，婺州民居重點突出，主次分明，房間錯落有序，是建築組群中設計最好的作品。

對於容積率，我們可以做一個簡單的分析，在同樣面積的土地上建造同樣進深的房屋，分別採用並列排布方式和院落式布局，後者建築的基地面積大於前者。所以在層數相同的情況下，採用圍合式布局比併列式布局的建築容積率高。蘇州民居建築與院落關係近似前者，且主要爲單層建築，容積率較低。徽州以天井爲中心，圍合了高密度的樓房，容積率最高。婺州民居採用天井與院落相結合的方式，院落圍在中間，容積率介於兩者之間。

綜上所述，蘇州民居以犧牲土地容積率爲代價，獲得了最佳的居住環境，大多數房間都有較好的採光和通風，但整體設計較爲薄弱，缺少規劃。徽州民居土地容積率最高，因此建築環境也較差，但通過天井的巧妙設置一定程度上解決了採光通風問題，基本滿足生活需要。婺州民居則較好的區分了主、次生活用房間關係，差別對待不同房間的使用功能，使得大多數房間的環境達到了適用的水平。在建築空間與交通組織方面，婺州民居總體設計最佳，主次分明，交通便捷，整體形象良好。總體來看，婺州民居以較高的土地容積率獲得了舒適的居住環境，算得上是經濟適用的住宅。蘇州位於太湖沿岸，水網發達，湖泊眾多，除西南部有小山外，大部分地區地勢平坦，地質情況簡單，土地資源較爲豐富。而徽州屬於東南丘陵的一部分，四周群山環抱，境內高山丘陵之間雖錯落著少量盆地和山間谷地，但都非常窄小，山嶺、丘陵占總面積 90%以上。相比蘇州，徽州的建築用地較爲緊張，因此徽州民居

在平面布局上精打細算，以獲得較高的容積率，而蘇州民居在這方面則顯得有些隨意。婺州地處金衢盆地東段，爲浙中丘陵盆地地區，「三面環山夾一川，盆地錯落涵三江」是婺州地貌的基本特徵。婺州的盆地地貌決定了婺州民居的用地既不像蘇州那樣寬鬆，也不像徽州那樣過於緊張。在建築平面布局上需要花一些心思，但還不至見縫插針，婺州民居在平面設計上能夠做得較爲體面，經濟適用。

第二節　建築剖面與木構架形制分析

一、江南地區木構架形式

在討論江南木構架形式之前，先對幾個基本概念略作闡釋。

江南地區一般以建築的進深方向的一排樑架稱爲一貼，也稱貼式，每一貼根據其所在建築的方位而命名。位於建築中間部位的樑架稱之爲正貼；與正貼相鄰的樑架稱之爲次貼；位於最邊緣的構架稱之爲邊貼。建築的進深方向以架爲單位，每一根桁條的水平距離稱爲一架或一界，界深則是指其具體的尺寸。屋面界深與升高的高度之比，北方稱之爲舉架，而蘇州稱爲提棧，婺州稱爲撓水。

參照《營造法原》，我們可以將香山幫傳統建築的構架分爲平房構架、廳堂構架和殿庭構架。平房構架可以做二層，稱爲樓房。樓房與平房構架相仿，兩者皆用於普通民房之中。平房與樓房構架的貼式是江南木構建築的基本結構形式，它反映了該地區木構架承載受力、構造連接的基本原理，本文將以此爲起點進行分析。殿庭構架規模較大，面闊三至九間，進深六至十二界，是江南木構架中等級最高的形式。由於徽州民居營造技藝、婺州民居營造技藝，皆限於民居範疇，木構架等級較低，規模較小，與香山幫營造技藝的殿庭構架相距甚遠，故不宜做比較。

蘇州傳統木構架的基本形式是桁條水平距離相等的四架樑抬樑式木構架，稱爲內四界。邊貼屋架則採用「柱柱落地」的類似穿斗式構架形式，或步柱和脊柱落地，金柱不落地的「三柱落地」構架形式，使構架更爲穩定。另一種樑架稱爲回頂。即在山界樑左右分別立童柱，擱置檁條，形成中間無脊桁的五架樑。在內四界或回頂樑架的前後增加樑柱，可以組成多種形式的

樑架。如前或後加深一界，則在步柱與廊柱之間設短樑聯繫，稱為川或廊川。如前或後加深兩界，設橫樑聯繫，稱為雙步，雙步上立童柱，稱為川童。川童與步柱之間以樑相連，稱為短川或眉川。有時候還會將內四界的金柱落地，與廊柱間形成雙步，這種做法稱為攢金。（1-2-1 蘇州四架樑木構架基本形式、1-2-2 蘇州四架樑木構架加廊的形式）

1-2-1 蘇州四架樑木構架基本形式

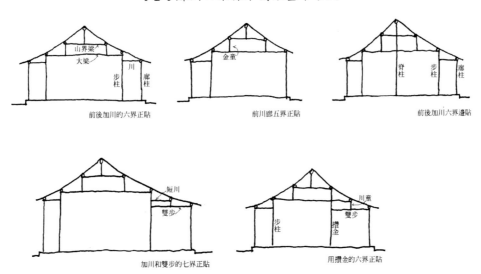

1-2-2 蘇州四架樑木構架加廊的形式

樓房多為二層，進深一般較淺。其構架與平房相仿，多以內四界為基本型，在前後增加川或雙步。樓房在進深方向擱置大樑承接上層重量，樑上置擱柵、樓板。規模較大的樓房還可在樓上、樓下做軒，稱為樓廳。樓房由上下層出挑或縮進等變化，可以形成騎廊、副簷、挑層等多種形式。騎廊是指在下層內四界前設深兩界的廊，上層的廊柱立於廊內。騎廊可設於樓前、樓後，或前後皆設。副簷是指在底層前後加廊柱，上面覆以單坡屋頂，屋下可以做軒。

挑簷則指底層大樑挑出，樑端立柱，上層挑出。挑層多用在樓房前，樓房後很少用。若下層以短枋連接樓面出挑屋面，下面設斜撐，則為軟挑頭，稱為雀宿簷。（1-2-3 蘇州樓房木構架形式）

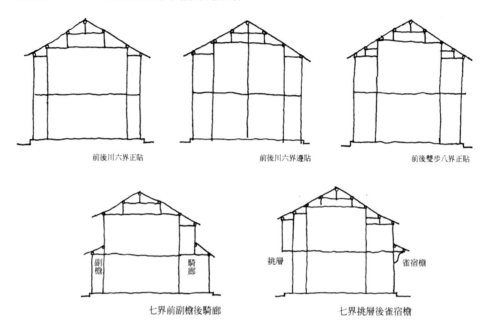

前後川六界正貼　　　前後川六界邊貼　　　前後雙步八界正貼

七界前副簷後騎廊　　　七界挑層後雀宿簷

1-2-3 蘇州樓房木構架形式

徽州與婺州傳統民居木構架做法，是結合山嶽文化中穿斗式木構架和北方中原文化中的抬樑式木構架而衍生的一種新的木構架結構體系，其地方特點十分突出。孫大章在《中國民居研究》中，將這類木構架總結為插樑式木構架﹝註1﹞，以區別於抬樑式與穿斗式。（1-2-4 插樑與穿斗式）

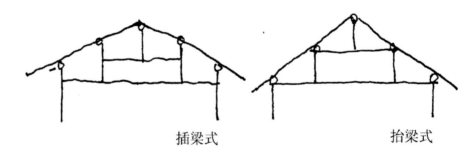

插梁式　　　　　抬梁式

1-2-4 插樑式與抬樑式木構架

﹝註1﹞孫大章，中國民居研究，中國建築工業出版社，2004，第307頁。

具體地講，即組成屋面的每根檁條下皆以柱承接（前後簷柱、金柱、瓜柱或中柱），每一瓜柱騎在下面的樑上，樑端則插入下層兩端瓜柱柱身，依此類推，最下端的兩瓜柱騎在最下面的大樑上，大樑兩端插入前後金柱柱身。從構架的結構性能上看，相比抬樑式木構架，插樑式木構架樑柱以插接榫連接，而不是簡單的將樑搭放在柱頂，其穩定性更好，對木構架整體性是有利的。在屋面的舉折上，插樑式與抬樑式有著較大的差異。由於柱子直接承檁，屋面高度大大降低。在徽州和婺州，插樑式木構架常用於廳堂建築的明間兩側，露明的樑架體態肥碩，雕樑畫棟，氣宇非凡。在廳堂的邊貼，一般增加中柱，以增強穩定性。有時則採用穿斗式木構架，樑柱不作裝飾。在一些小型的住宅中，木構架更傾向於採用穿斗式構架。以柱承檁，檁下柱子落地，或落地柱和瓜柱相間使用、瓜柱立於穿枋上。穿斗式木構架立柱較多，影響了內部的使用功能和空間效果。但對於小型民宅來說，家庭日常生活所需要的使用空間並不大，廳堂布置也不十分講究，所以沒有必要追求大開間和進深。另外，小型民宅屋頂較輕、圍牆較薄，採用穿斗式木構架的整體性良好，還能節省木材，是小型民居不錯的選擇。

徽州民居多為樓房構架，樓上下即可做通柱，也可做斷柱。斷柱做法上下柱子在平面上不對應，上層柱子立在下層的承重的樑或枋上。徽州民居樑、枋皆可承重，因此常常樑枋不分，即開間方向與進深方向的受彎承重構件皆稱為承重樑。尤其是前簷底層的穿樑（相當於額枋），常常做成肥大的月樑，十分氣派。（1-2-5 徽州木構架剖面）

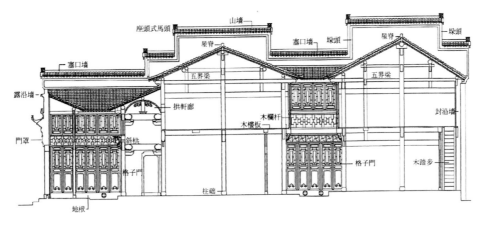

1-2-5 徽州木構架剖面

　　婺州民居有平房、樓房構架，民居中構架較爲簡潔。除樑柱連接方式與蘇州不同外，構架的貼式不外乎內四界構架前後增加廊或在內四界構架中做廊的方法。婺州民居的插樑構架還有做成三層樑的形式，也就是七架兩柱木構架，這在蘇州民居中較爲少見。在婺州的樓房木構架中，常常採用一種稱爲披簷的做法，即在房屋的前後左右某一個或兩個方向增加一個單簷的屋子，可以作爲附屬空間。這種做法使建築的屋面近似於歇山屋頂，也使得整個房屋的形象更爲生動。徽州與婺州民居中較大的廳堂建築，同樣的採用重椽天花弔頂，與蘇州建築中的軒架相似，上面做草架，露明樑架用材碩大，月樑梭柱，雕樑畫棟，顯得雍容華麗，富麗堂皇。（1-2-6 婺州木構架及披屋形式、1-2-7 婺州樓房木構架形式）

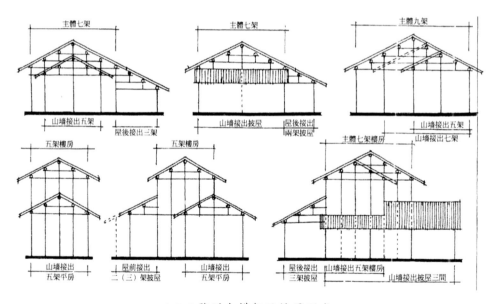

1-2-6 婺州木構架及披屋形式

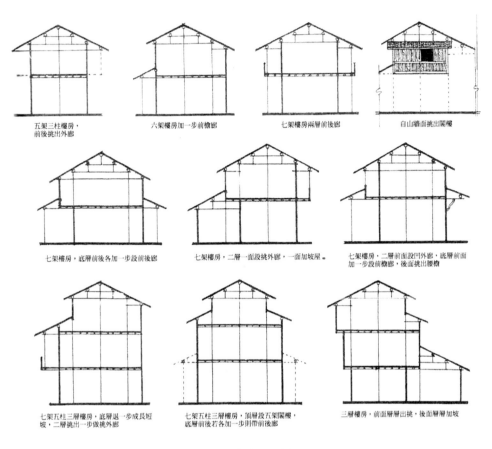

五架三柱樓房，
前後挑出外廊

六架樓房加一步前檐廊

七架樓房兩層前後廊

自山牆面挑出閣樓

七架樓房，底層前後各加一步設前後廊

七架樓房，二層一面設挑外廊，一面加坡屋。

七架樓房，二層前面設凹外廊，底層前面加一步設前檐廊，後面挑出腰檐

七架五柱三層樓房，底層退一步成長短坡，二層挑出一步做挑外廊

七架五柱三層樓房，頂層設五架閣樓，底層前後若各加一步則帶前後廊

三層樓房，前面層層出挑，後面層層加坡

1-2-7 婺州樓房木構架形式

二、木構架的類型與結構分析

　　據上文總結，江南地區木構架主要類型可以歸結為爲抬樑式、插樑式以及穿斗式木構架，蘇州地區木構架以抬樑式爲主，徽州地區、婺州地區較大廳堂多採用插樑式木構架，在較小的民宅中也常採用穿斗式木構架形式。不同地區對木構架技術的選擇性發展與其實際的功能要求是緊密相連的，下面將對結構類型與功能要求做出分析。這裡所說的功能要求，既有結構上承載的要求，也有使用中的空間要求。

　　抬樑式木構架是我國古代木結構建築最常見的一種形式，其基本特點是柱上承樑，樑上承檁，檁上鋪椽，形成一榀屋架，屋面的荷重是通過承重樑間接傳遞到柱子上的。穿斗式木構架則是以柱承檁，柱之間以數層穿枋連接，構成一榀屋架，屋面荷載由檁直接傳到柱子上。從連接關係上，前者關係爲：

椽—檁—樑—童柱—樑—柱，後者關係為：椽—檁—柱。後者構件的關聯性
要小得多，構件之間也較為獨立。從受力關係上，前者屬逐層疊加的關係，
後者則各自受力，前者在用材方面勢必大於後者，才能滿足承載的需要。而
後者由於分散了屋面荷載，用材自然可以小很多。我們可以將受力情況簡化，
建立一個受力模型對二者進行比較。假設構件鉸接，不失穩，只有豎向荷載
的情況下，抬樑式與穿斗式構架荷載圖如下所示：抬樑式的樑將承受較大的
彎矩和剪力，同時柱子也將承受較大的壓力。而穿斗式構架除了柱子承受較
小壓力外，穿枋並不受力。因此彎矩和剪力都為零。對於木材來說，抗彎性
能是遠遠不如抗壓性能的，所以穿斗構架顯然對木材用料要求較低。而且，
抬樑式的木構件需要承受較大荷載，木材用料自然也較大，自身重力會造成
更大的豎向荷載，這對結構是不利的。（1-2-8 理想情況下抬樑式與穿斗式構架
受力分析比較）

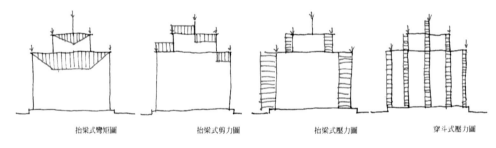

抬樑式彎矩圖　　　　抬樑式剪力圖　　　　抬樑式壓力圖　　　　穿斗式壓力圖

1-2-8 理想情況下抬樑式與穿斗式構架受力分析比較

從適應性上看，穿斗屋架還有一個特點，就是可以簡單的做錯層處理。
在任何一檁處，屋面都可以上下錯開，地面也可以根據地形升高或降低，只
要調整一下穿枋的位置就可以了。這也是由於穿斗式木構架的構件獨立性較
強，而關聯性較小的具體體現。這是抬樑式木構架和現代三角形桁架所必能
比擬的。另外穿斗式構架用作樓房也十分方便，只要將柱子加高，在柱子中
間插榫接樑，鋪上擱柵樓板即可。樓層還可以向外懸挑。穿斗式的這些特性
為房屋空間設置提供了方便，各種閣樓、夾層、挑層、錯層、騎樓、弔腳樓
都可以採用穿斗結構。而且無論是平地、坡地、水邊、路邊，穿斗式構架也
都有很強的適應性。（1-2-9 木構架對地形的適應性）

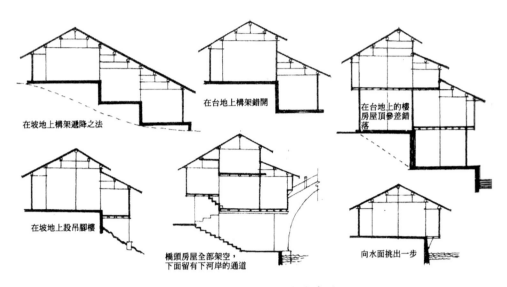

在坡地上構架遞降之法

在台地上構架錯開

在台地上的樓房屋頂參差錯落

在坡地上設吊腳樓

橋頭房屋全部架空，下面留有下河岸的通道

向水面挑出一步

1-2-9 木構架對地形的適應性

　　插樑式構架的特點是承重樑的兩端插入柱身，不像抬樑式構架中承重樑壓在柱頭上，也不像穿斗式構架中柱間無承重樑、僅有穿枋拉接。從構架連接方式上看，插樑式與穿斗式較為相似，都是以柱承檁，中間插樑或枋。從這點上看，插樑式可以看成為穿斗式為擴大室內空間採用的一種新的構架變形。對於工匠而言，熟悉穿斗構架的連接構造工藝便可很輕易的轉換成插樑式構架。這使得插樑式構架在穿斗式構架盛行的徽州、婺州地區廣泛應用有著先天的優勢。在同一座建築中，插樑式與穿斗式同時使用也有著很大的便利性，兩者在舉折、高度以及用料的計算上，都有很多共同之處，只需稍加增加即可。所以在一座廳堂的正貼使用插樑式，邊貼使用穿斗式也不足為奇了。相比穿斗式結構，由於瓜柱不落地，形成較為開闊的室內空間，更利於房間內部的陳設。可見插樑式是結合了抬樑與穿斗兩種構架的構造優點，形成的一種新型的木構架形式。從連接關係上，插樑式構架構件關係為：檁—童柱—樑—童柱—樑—柱。構件的關聯性與抬樑式相似，受力關係也較為相似。因此從整體構架上看，插樑式與抬樑式更為接近，兩者在地形的適應性上都不如穿斗式靈活，但同樣可以創造較大的室內空間。綜上所述，插樑式木構架在構造工藝上更接近於穿斗式木構架，而在空間使用和適應性上更接近於抬樑式木構架。我們是否可以這樣解釋，插樑式木構架是習慣於製作穿斗式木構架的工匠為了創造較寬敞室內空間而創造的一種新式的構架。

三、大木構架的組成與比較

這三個地區的木構架都有其各自的特點，這既體現在木構架的組成上，也體現在木構架的整體結構上。在實際應用過程中，工匠也會根據實際需要做出變化，以適應其功能要求。

在蘇州，抬樑式木構架主要構件有：柱、樑、桁、椽、枋、連機、夾堂板、閘椽、瓦口板、扶脊木等。蘇州的大木構架雖然可以歸類為抬樑式木構架，但與北方的抬樑式木構架在結構和營造技術上有著很多不同。從構成方式上看，蘇州木構架是以柱、樑層疊構成一榀樑架，以桁、連機縱向相連，形成屋架。整體構架以貼式為基本單位，其形態為一片一片的，縱向連接構件較少。而北京地區的硬山構架則是以柱、樑、枋形成的雙向框架，上面承接檁椽，可以清晰的分為下架與上架。構架中枋的作用較為突出，增加了構架的整體性。而蘇州木構架將枋這種構件省去了，僅以隨樑的連機作為替代構架。從表面上看，只是縮小了構件的尺寸，而從其連接邏輯上看，枋與柱的連接是獨立的，即便沒有上面的樑、檁構件，依然可以組成框架結構。而蘇州木構架中的連機只是檁的附屬構件，對檁與每榀樑架連接起到穩定的作用，其本身並不能與樑柱構成框架體系。所以兩者在結構功能上是明顯不同的。這也證明另一個方面的問題，蘇州香山幫木構架雖然仍屬於抬樑式木構架，但其基本構成方式與穿斗式木構架有著緊密的聯繫，兩者都是以進深方向的每一榀樑架為基本單位，然後通過檁的縱向串聯形成整體木構架的。（1-2-10 蘇州的抬樑式木構架呈片狀、1-2-11 北京七檁前後廊抬樑式木構架呈層狀、1-2-12 穿斗式木構架組成）

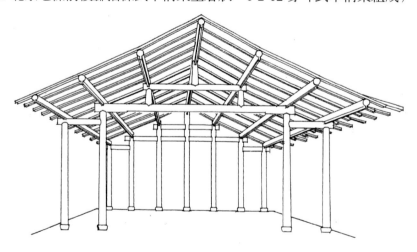

1-2-10 蘇州的抬樑式木構架呈片狀

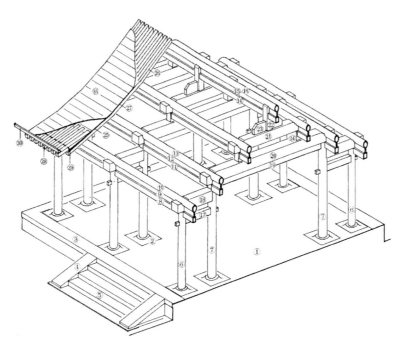

1-2-11 北京七檁前後廊抬樑式木構架呈層狀

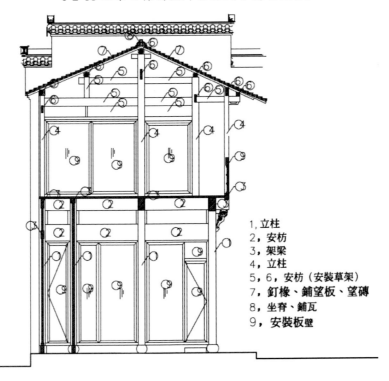

1，立柱
2，安枋
3，架樑
4，立柱
5、6，安枋（安裝草架）
7，釘椽、鋪望板、望磚
8，坐脊、鋪瓦
9，安裝板壁

1-2-12 穿斗式木構架組成

　　徽州、婺州地區的木構架主要以穿斗式、插樑式構造爲主要形式。穿斗式木構架主要構件有柱、檁、穿枋、樓蓋樑、地栿、房貼、斗枋、纖子等。其中穿枋是形成穿斗式木構架的關鍵因素。穿枋是柱與柱之間橫向聯繫的構件。穿枋穿過柱子，把柱子聯爲一榀構架，柱子上安檁條，承接屋頂的荷載。若採用柱柱落地的形式，即每根柱子都落地，穿枋只起聯繫作用，不必承擔荷載；若有柱子不落地而是插於下層穿枋之上時，穿枋需要承擔荷載，兼有拉接和承載的作用。穿枋的多少視房架大小而定，有一穿、二穿或三穿。爲使穿枋與柱子的榫卯交接牢固，穿枋兩端通過一種稱爲「關鍵」的構造（當地工匠稱）與柱連接爲一榀構架。「關鍵」是用硬木做成的楔子，略有彎曲弓背，其特點是打進榫眼越深拉得越緊。由於穿枋的作用，穿斗式木構架在進深方向（即每榀樑架）的連接上更爲緊密，這對於整個構架來說，每榀樑架的獨立性更強，而各榀樑架之間的聯繫則較弱。這種構造上的特點在營造中的直接反應就是改變了建造的程序。對於建築來說，常見的思維方式是從下而上建造，但對於穿斗式木構架來說，則需要先將一榀屋架安裝完畢，然後整體立起。整個木構架的安裝是從一面開始，一榀一榀完成的。從這一角度來看，蘇州的木構架雖然爲抬樑式構架，其營造的思維方式卻與徽州、婺州保持一致。

　　這類木構架的特點是，進深方向的聯繫較強，而開間方向的聯繫較差，即使是蘇州的抬樑式木構架也十分清晰的反映了這一特點。這使得江南地區木構架在結構組成上開間方向的連接顯得很薄弱。從建築整體構架來看，由於大量的民間建築開間爲三間，平面呈矩形，建築的剛性在開間方向較大，而進深方向較小，從抗震角度來講，適當提高進深方向的剛度是有利的，但如果開間方向的構架連接不夠牢固，對於每一榀構架來說，這一方向確實存在歪閃倒塌的隱患。江西中部的廬陵地區（今江西吉安、泰和一帶）的木構架對這種做法進行了改善，筆者認爲是十分有利的。廬陵木構架的其基本形式仍爲插樑式與穿斗式結合的形式，與徽州、婺州木構架較爲相像。其區別是廬陵的插樑式木構架每一榀樑架在童柱與樑的結合處沿著開間方向增加了一條枋，也就是說，在每道檁的下方還有一道平行的枋。這樣就大大增加了開間方向的剛性。從建造邏輯上，廬陵木構架與江南其他地區一樣，都是從一面向另一面一榀一榀展開的。但從剛度上分析，與北方的抬樑式木構架相差無幾，是江南木構架改良的極好案例。（1-2-13 廬陵地區增加了枋的插樑式木構架）

1-2-13 盧陵地區增加了枋的插樑式木構架

四、木構架結構的適應性

　　對於框架結構來說，一般情況下柱子的間距越大，內部空間的分隔越方便，當然其成本也越高。具體到實際問題來看，柱子的間距與其空間的使用功能是息息相關的。符合生活起居習慣的開間和進深能夠有效的節省營造成本。江南地區的三種主要結構形式中，抬樑式和插樑式木構架的內部空間較為寬敞，樑架中部的大樑跨度可達 5.2 至 5.6 米左右，主要用於大型住宅的大廳。穿斗式木構架進深中間兩跨在 2.2 米左右，前後廊的跨度在 1.5 米左右是比較適宜的。這種空間尺度既能保證功能的要求，也不至於浪費材料。江南木構架正房明間的開間在 4.5 米左右，大樑加上廊子的跨度，總進深在七米以上。對於民居建築而言，是較為寬敞的。以插樑式木構架結合穿斗式木構架相結合的形式，使江南木構架在保證大廳功能的情況下，降低了建築成本，是一種十分討巧的做法。

　　穿斗式木構架還有一個重要的特性就是對地形的極大適應性。有學者認為江南地區的穿斗式木構架是由干闌式木構架演變而來的〔註2〕。干闌式木構架是我國南方很早就出現的木構架形式，在河姆渡遺址中可以看到較為成熟的干闌式構架。干闌式構架的主要特點是下部架空，這種形式有很好的防潮功能，也能很好的適應複雜的地形。在我國西南和中南地區，傣族、侗族、壯族、土家族等少數民族的建築中，干闌式木構架還在廣泛應用。這些地區大多地形複雜，平地較少，建築常建於山坡、岸邊甚至出挑於崖壁上，顯示了干闌式木構架對地形的極大適應性。隨著干闌式木構架不斷將架空層降低，干闌式構架上部的建築圍護框架與下部分的支撐框架便逐漸稱為一個整體。這樣，干闌式木構架與穿斗式木構架便十分相像了。從構架的連接上看，穿斗式構架與干闌式構架還有很多相似之處，所以保持了良好的調節變化能力。穿枋與柱子的連接，在每一個步連接處都可以變化位置，這樣可以做成各種錯層的形式。這比強調前後對稱，層疊而建的抬樑式構架要靈活的多。

　　而插樑式木構架與穿斗式構架也有著很多相似之處，兩者同樣是以柱子直接承檁，樑或枋插於柱上，檁的高度不受樑位置的限制，這樣使得兩者在屋面舉折和高度上很容易達成一致。插樑式與穿斗式木構架相結合有著天然的優勢，並滿足了功能和地形上的要求，是這種形式江南地區得以廣泛應用的重要原因。從實際情況來看，在山地較多的徽州地區，穿斗式的木構架應用更為普遍，僅在少數的大型建築中使用插樑式構架。而婺州地區則相對較多的採用了插樑式與穿斗式相結合的構架形式。蘇州地區最為平坦，木構架形式也有著很大的區別，抬樑式構架十分普遍。木構架形式的選擇與其所處的地理環境有著密切的聯繫，而對於木構架形式的變化與組合，也顯示出江南地區木作工藝的嫻熟和做法的靈活。

第三節　屋頂形制

一、屋頂的藝術形式

　　江南地區屋頂的形狀同樣分為硬山、懸山、歇山、廡殿和攢尖五種基本形式。與北方地區相比，江南建築的屋頂在構造上表現出極大靈活與簡約的

〔註2〕劉傑，《江南木構》，上海交通大學出版社，2009年第一版，第74頁。

特點。以歇山建築爲例，蘇州歇山頂建築的正脊較短而餞脊較長，呈現出上小下大、四角起翹的形態。其原因在於江南歇山木構架在構造方式上做了簡化。歇山建築的山牆常常與山面屋架對應，直接承載上面的荷載，餞脊的端頭則搭在周圍廊的柱子上。這樣便省去了順樑、趴樑等構造。山脊牆樑架擱在柱上，荷載更爲承受合理。除大殿類建築外，江南的歇山建築還省去了博風板做法，以牆體形式收尾，更爲輕盈。（1-3-1 江南歇山式屋頂、1-3-2 北方趴樑式歇山式屋頂）

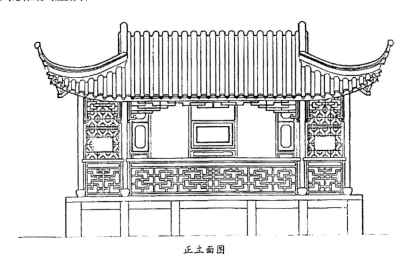

正立面图

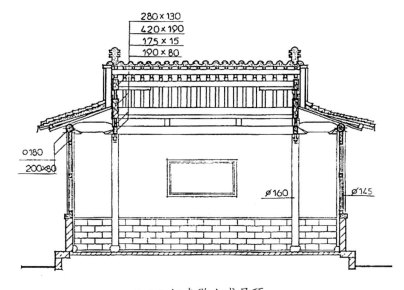

1-3-1 江南歇山式屋頂

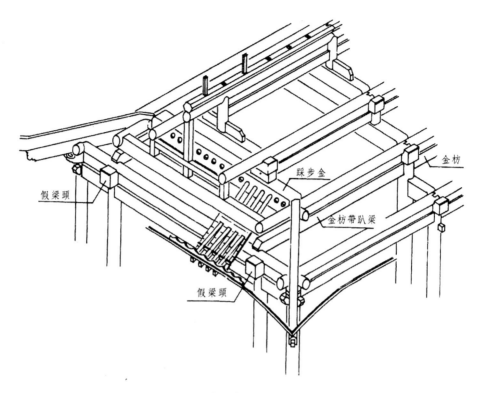

金枋

踩步金

金枋帶趴梁

假梁頭

假梁頭

1-3-2 北方趴樑式歇山式屋頂

　　輕盈的造型，高翹的翼角，成就了江南建築小巧玲瓏的藝術形象。尤其
在江南園林中，為了配合景觀需要，硬山、歇山、攢尖等各式屋頂相互穿插
組合，有時候還會只做一半屋頂而另一半交與牆上。屋頂的組合與變化構成
了玲瓏秀麗的建築景觀。歇山式和攢尖式的屋頂，屋角的起翹很高，這是江
南建築最為顯著的特徵。從構造上看，可以分為嫩戧發戧和水戧發戧兩種，
水戧發戧的構造很簡單，木構件本身並不起翹，僅在戧脊的端部翹起。嫩戧
發戧的構造較為複雜，是在老戧的下端斜插入嫩戧，形成很大的起翹。老、
嫩戧形成的角度，與建築的等級、體量、所處環境等因素有關，但一般來說，
老、嫩戧與水平線所形成的角度大約相等，小型建築嫩戧發戧的角度比大型
建築嫩戧發戧的角度更為高翹。（1-3-3 嫩戧發戧、1-3-4 水戧發戧）

1-3-3 嫩戧發戧

1-3-4 水戧發戧

二、硬山式屋頂

在民居建築中，硬山屋頂是最常見的形式。無論蘇州民居、徽州民居、婺州民居屋頂類型基本都採用兩坡、硬山、平脊的形式。硬山屋頂的區別主要體現在山牆的砌築上，總的來說，硬山山牆分爲山尖式、屏風式和觀音兜式三種。（1-3-5 五山屏風牆、1-3-6 觀音兜）山尖式山牆是蘇州及江南地區平房建築常用的一種做法。山間呈三角形，每層磚的兩端比下一層退進。砌築時一般先從中間正脊下的丁磚開始，向兩邊砌築。山尖牆可以分爲兩種形式，一種爲尖頂形，用於有脊的硬山建築，一種頂部呈弧形，用於卷棚類屋頂建築。在徽州以及南方地區很多廳堂類建築中，常使用屏風式山牆，也稱爲馬頭牆。它的山牆山尖部分牆體超出屋面屋脊，兩邊呈對稱的階梯狀，牆頂做成挑簷式屋脊，以增強效果。屏風牆的每一階稱爲一檔，根據屋面的進深一般分爲 2 至 3 檔。一般來說屏風牆每檔高度相等，所以只要算出簷口到正脊頂部的垂直距離，除以檔數就可以知道每檔的高度了。進深方向由於屋脊有一定的寬度，一般中心檔的長度會稍長一些，大於平分的兩檔距離之和，這樣整個牆面看起來更穩重一些。徽州的馬頭牆有很多種類，如坐斗式馬頭牆、挑斗式馬頭牆、鵲尾式馬頭牆、坐吻式馬頭牆等等，其區別在於牆頭、牆脊的裝飾上，故本文不再做過多討論。觀音兜式山牆也是江南地區的常見的山牆形式，在蘇州、徽州、婺州的民居、園林建築以及宗教建築中都有應用。觀音兜式山牆分爲全觀音兜式和半觀音兜式兩種。全觀音兜式是在廊桁的簷口上砌築馬頭，在馬頭上開始砌築弧形山牆，至金桁以上開始以凹弧形向上升起，至正脊底部以下約一米左右開始轉爲水平砌築。半觀音兜則是在金桁以下按照硬山山尖牆的砌法砌築，金桁以上開始呈凹弧形向上升起，之後與全觀音兜砌法相同。（1-3-7 坐吻式馬頭牆、1-3-8 鵲尾式馬頭牆、1-3-9 挑式馬頭牆、1-3-10 坐斗式馬頭牆）

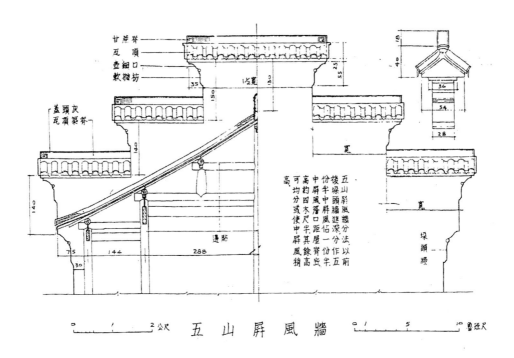

五 山 屏 風 牆

1-3-5 五山屏風牆

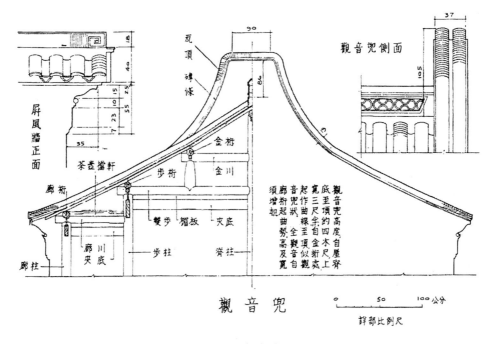

觀 音 兜

1-3-6 觀音兜

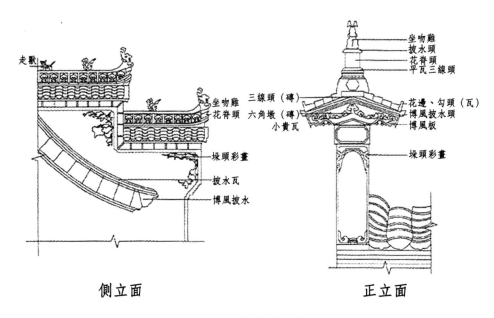

側立面　　　　　　　　　　正立面

1-3-7 坐吻式馬頭牆

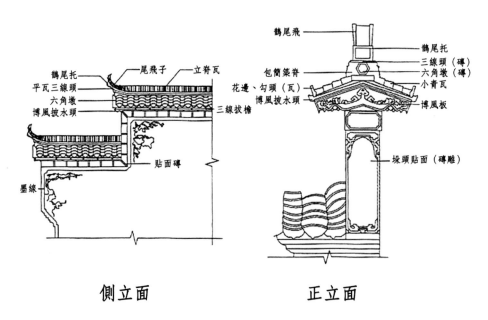

側立面　　　　　　　　　　正立面

1-3-8 鵲尾式馬頭牆

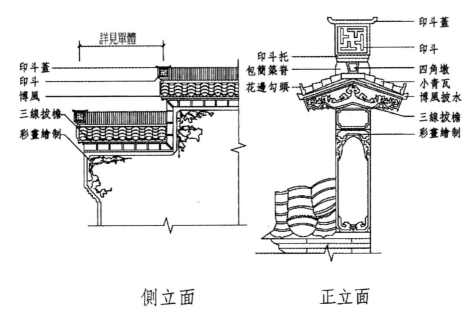

側立面　　　　　正立面

1-3-9 挑式馬頭牆

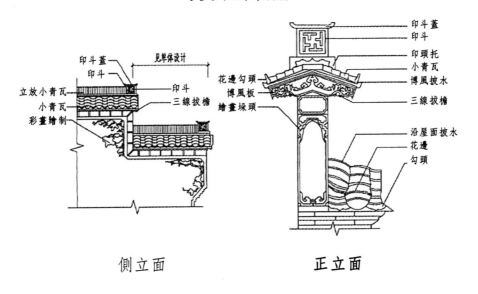

側立面　　　　　正立面

1-3-10 坐斗式馬頭牆

　　硬山山頂的區別還表現在屋脊的形式上，在蘇州，有脊的屋頂分為甘蔗脊、雌毛脊、縱頭脊、紋頭脊、哺雞脊、哺龍脊等形式，無脊的則以黃瓜環瓦蓋頂。有脊的屋架在頂上以脊桁或草脊桁結束，並在脊桁上設有幫脊木，用以支撐屋脊。而無脊的一般為回頂屋架，以回頂橡結束，其上鋪瓦時，以黃

瓜環瓦蓋在屋頂上。所謂黃瓜環瓦，是一種弧形瓦件，分為黃瓜環底瓦和黃瓜
環蓋瓦，鋪設時可以在屋頂處多搭點瓦，以防漏雨。（1-3-11 各種屋脊形式）

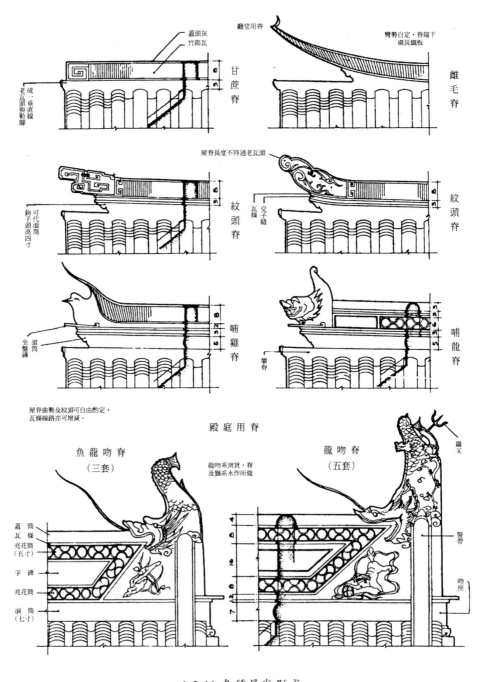

1-3-11 各種屋脊形式

徽州和婺州民居的屋脊常常採用一種很別致的屋脊，稱爲「立瓦脊」就是常在屋脊處用立放或斜放的瓦做成屋脊。據當地居民講，這些瓦爲儲備瓦，當屋面的瓦破損時，可做不時之需。除此以外，較高等級的建築屋脊則砌築成花磚花瓦，十分美觀。另外，這種屋脊一般較高，花磚花瓦疊砌形成的空洞可以有效減少風壓，不至於被風刮倒。（1-3-12 立瓦屋脊構造、1-3-13 立瓦屋脊）

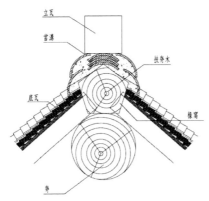

1-3-12 立瓦屋脊構造　　　　　　　　　1-3-13 立瓦屋脊

三、廳堂類屋架形式特點

廳堂是江南民居中重要的建築，等級較高，結構較爲複雜，貼式也比較多，主要有：圓堂、扁作廳、鴛鴦廳、滿軒、貢式廳、花籃廳等結構形式。廳堂構架最大的特點是常在屋頂下面在做一層天花層，稱爲軒。軒與屋頂之間的構架稱爲草架。這是江南地區常用的木構架形式。圓堂的樑架爲圓料〔註3〕，其構架主要形式爲內四界的前、後加上兩架樑，前高後低，上面做草架，形成八架樑。扁作廳的樑架用料爲扁方料，樑架形式與圓堂相仿。有些扁作廳規模較大，則在此種構架的前面再加上一界廊軒，使進深更大。鴛鴦廳的平面前後對稱，樑架分別爲扁作和圓作，上面做草架，前後加廊軒。滿軒則是在整個廳堂內用數軒相連，規模小的爲三軒相連，規模的則四軒相連，軒上整體做草架。貢式廳和花籃廳不是一種構架形式，而是對構架的處理形式。貢式廳的樑架用扁方料，樑的兩端向下彎曲折轉，樑架用料仿照圓作用法，十分

〔註3〕對於構架用材的圓作、扁作之分，將在後邊的章節詳細介紹，此處只討論結構形式。故對用材不作比較。

精巧。花籃廳是指其步柱不落地，懸於半空，柱下端雕成花籃形，是一種非常別致的一種處理手法。花籃廳構架以內四界、五界回頂、三界回頂為主體，前後加軒或加廊軒。還可以與貢式廳、滿軒、鴛鴦廳結合成貢式花籃廳、滿軒花籃廳、鴛鴦花籃廳等。（1-3-14 蘇州廳堂木屋架軒頂構架）

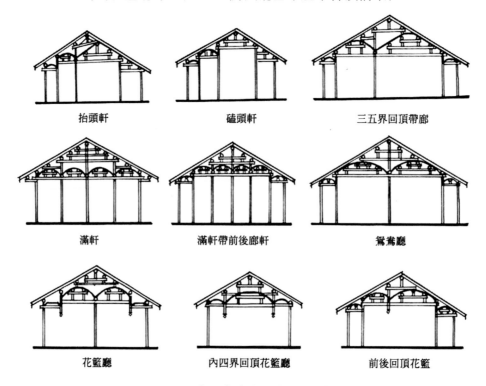

抬頭軒	磕頭軒	三五界回頂帶廊
滿軒	滿軒帶前後廊軒	鴛鴦廳
花籃廳	內四界回頂花籃廳	前後回頂花籃

1-3-14 蘇州廳堂木屋架軒頂構架

四、屋面舉折

中國傳統建築的大屋頂以及屋面曲線一直是建築歷史研究中的熱點，屋面舉折也一直是傳統建築的設計中較為重要的方面。屋面舉折是宋《營造法式》中關於屋架坡度計算方法的稱呼，在清工部《工程做法》中稱為舉架。江南地區的《營造法原》稱此為提棧，這代表了以蘇州為中心的太湖流域地區的屋面曲線做法。在婺州，舉折被稱為撓水，而徽州地區則稱為分水。由於《營造法原》中對提棧有著較為詳細的解釋，我們可以先以此為例，介紹江南地區的屋面曲線做法。

依據提棧，房屋界深相等情況下，桁的高度自下而上逐次增高，屋面坡度也越來越陡，中國建築屋面的曲線即由此產生。提棧高是指前後桁的高度，

從三算半起、四算、四算半、五算……至九算、十算。殿庭建築最多九算，
亭子可到十算。三算半的意思就是，前後桁的高度為界深的十分之三點五。
第一界提棧稱為起算，起算以界深為標準，以界數定第一界至頂界的次序。
根據《營造法原》記載，提棧歌訣〔註4〕為：

      民房六界用二個，廳房圓堂用前軒。

      七界提棧用三個，殿宇八界用四個。

      依照界深即是算，廳堂殿宇遞加深。

    意思是說，屋深六界，如界深三尺五寸〔註5〕。則第一界為三算半，作為
起算。根據「民房六界用兩個」，第一界為三算半，脊界為四算半，這樣就是
兩個。如廳堂七界，界深五尺。則第一界為五算，作為起算。根據「七界提
棧用三個」，則金童提棧用六算，脊柱提棧用七算，這樣就是三個。需要注意
的是，起算以界深為標準，但界深超過五尺時，仍以五尺起算，這樣做主要
是針對大型的殿堂，防止屋面坡度過陡，影響建築的整體形象。提棧是計算
建築側樣屋面曲線的方法，在實際操作中還有「囊金疊步翹瓦頭」的匠諺。
意思是說，金柱的地方可稍低一些，步柱的地方可稍高一些，簷頭則應翹起
一些。(1-3-15 屋面舉折)

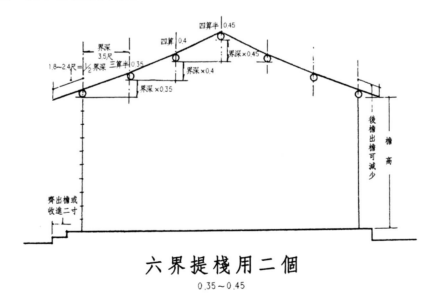

六界提棧用二個

0.35～0.45

〔註4〕姚承祖原著，張至剛增編，劉敦楨校閱，《營造法原（第二版）》，中國建築工
　　　業出版社，1986，第12頁。

〔註5〕這部分內容出現的計量單位「尺」為蘇州地區魯班尺，1尺≈公制27.5 cm。

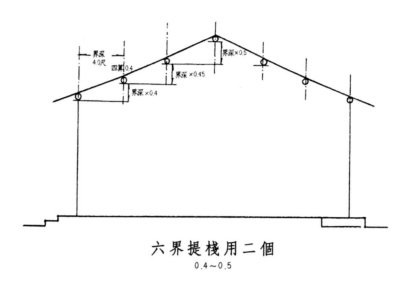

六界提棧用二個

0.4～0.5

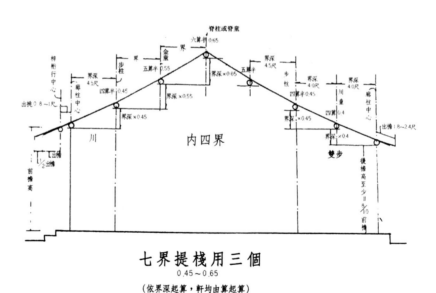

七界提棧用三個

0.45～0.65

（依界深起算，軒均由算起算）

1-3-15 屋面舉折

下面以屋深六界為例進行說明。假如界深三尺五寸，那麼步柱的提棧，即起算為三算半，脊柱四算半，這樣就是兩個。據此推算，金柱提棧應為四算。上述界深，廊柱高為一丈。步柱提棧三算半，提升高度為 3.5 尺×0.35＝1.25 尺。那麼步柱的高為一丈一尺二寸半。金童提棧四算，提升高度為 3.5 尺×0.4＝1.4 尺。按照囊金的原則酌減的一些，可計作一尺三寸。脊童提棧四算半，高為 3.5 尺×0.45＝1.575，作一尺六寸計。如做脊柱則總高為一丈四尺一寸半。

假如接深四尺，步柱起算就是四算，脊柱就是五算，金童應該是四算半。廊柱高爲一丈的話，步柱高就是一丈一尺六寸，金童柱高應爲一尺七寸，脊柱高應爲一丈五尺三寸。假如界深四尺五寸，步柱的起算就是四算半，脊柱就是五算半，金童柱應該是五算。廊柱高一丈的話，步柱高就是一丈二尺零五分，金童柱高應爲二尺二寸，脊柱高應爲一丈六尺七寸五分。假如界深五尺，步柱就是五算，脊柱就是六算，金童柱應該是五算半。廊柱高一丈的話，步柱高就是一丈二尺五寸，金童柱高應爲二尺五寸，脊柱高應爲一丈八尺。

接下來我們以屋深七界爲例進行說明。七界包括前廊、內四界、後雙步三部分。如內四界的界深四尺半，後雙步界深一般可酌情減至四尺。按照匠諺「七界提棧用三個」，步柱提棧四算半，金童提棧五算半，脊柱提棧六算半。後雙步提棧根據內四界提棧高度遞減得出，即後步柱與前步柱對稱，爲四算半，則後川柱遞減爲四算。這樣，按前廊柱高一丈計算，步柱高一丈二尺零半寸，金童柱高二尺三寸，脊童柱高二尺九寸，脊柱全高一丈七尺二寸半。後步柱相比後川童提棧四算半，高爲一尺八寸。後川童比後簷柱提高四算，高爲一尺六寸。這樣算得後廊柱高爲 1.205-0.18-0.16=0.865 丈。即後簷柱高爲八尺六寸半〔註6〕。假如界深爲五尺，後雙步界深四尺半。步柱提棧五算，金童柱六算，脊柱起算，後雙步四算半。前廊柱仍高一丈的話，步柱高一丈二尺五寸，金童高囊金折減爲二尺七寸，脊童柱高三尺半，脊柱總高一丈八尺七寸。後步柱相比川童提棧高二尺二寸半，後川童高二尺零半寸。算得後廊柱高爲八尺二寸。

如果廳堂七界採用前軒的話，不論軒深或界深多少，均以五算作爲起算，提棧用三個。即步柱五算，金童六算，脊柱爲七算，後雙步爲四算半。扁作廳有兩個軒時，進深爲八界，則採用四個提棧。即軒步柱五算起算，步柱六算，金童七算，脊柱八算，後步柱仍爲四算半。提棧的規定是建築側樣設計的參考，不能作爲教條，在實際營造過程中，應根據環境和使用需要做到靈活變通。尤其是廳堂建築，有回頂、鴛鴦廳、滿軒等貼式，草架變化多樣，使得提棧的設計更爲複雜。設計時要注意使軒架對稱，與後雙步相呼應。根據提棧基本原則，結合屋面坡度要求，先畫出側樣，推敲完善貼式的設計。

婺州地區常用撓水做法是，五架住宅取四分、五分，七架住宅取四分、五分、六分，宗祠、廳堂等九架建築可取四分、四分半、五分半、六分半至

〔註6〕《營造法原》中算得後廊柱高度爲八尺五寸半，可能爲作者筆誤。詳見姚承祖原著，張至剛增編，劉敦楨校閱，《營造法原（第二版）》，中國建築工業出版社，1986，第 14 頁。

七分。意思是說，五架住宅的屋架由簷桁向上，每步舉高爲四分、五分、六分。所謂四分是指，舉高（即桁架提高的高度）與步距（桁架水平距離）的比爲0.4，五分則是指舉高與步距的比爲0.5，以此類推。

　　徽州民居的屋面曲線稱爲分水，一般先按照通進深選定水法，也就是總舉高，然後再繪製側樣選定每步的水法，即求出每步舉高。如中小型民居的屋面普遍取四分水，即總舉高爲總進深的1／4左右，相當於婺州民居的五分。小型民居屋面曲線較小，基本平直，只在飛簷處挑起。有時也可以從簷桁算起，以此向上求出每步舉高，最後相加算得總舉高。徽派匠幫有簷三、金五、脊七之口訣。

　　總的來說，婺州、徽州民居對屋面曲線的處理方法與蘇州較爲接近，同樣是由簷桁向上面的脊桁方向逐漸遞增，使得屋面的坡度越來越陡，形成曲線。這種做法與清工部《工程做法》所記載的是一致的。而宋《營造法式》中則記錄了另外一種做法，其基本要領是，定出脊桁高度，向下逐次遞減，形成屋面曲線。從操作的便捷性上講，顯然前者有著明顯的優勢。而閩南地區的做法則是直接定出屋面的總坡度，根據進深和總坡度確定脊桁和簷桁的高度，然後再調整金桁的位置，或增加或降低高度，形成屋面曲線。總的來說，無論採取那種計算方法，都需要先確定屋面的大致坡度，或增加，或減少，或在中間調整，有一個草樣，然後再進行劃線和構件的加工。（1-3-16屋面曲線比較、1-3-17江南地區屋面舉架比較表）

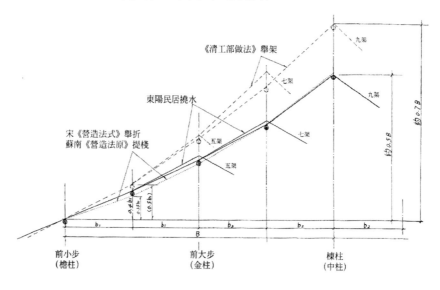

1-3-16 屋面曲線比較

表 1-3-1　江南地區屋面舉架比較表

	五架		七架			九架			
蘇州	0.4	0.45	0.35	0.4	0.45	0.35	0.45	0.55	0.65
			0.4	0.45	0.5				
婺州	0.4	0.45	0.4	0.5	0.6	0.4	0.45	0.5	0.65
	0.4	0.5	0.5	0.65	0.75+	0.4	0.45	0.55	0.7
徽州	0.5	0.5	0.5	0.65	0.7	0.5	0.65	0.75	0.9
宋《營造法式》	0.35	0.35	0.35	0.45	0.5	0.35	0.45	0.55	0.65～0.7
			0.5	0.65	0.8		0.65	0.8	1.0
清《工程做法》	0.5	0.7	0.5	0.6	0.7	0.5	0.6	0.7	0.9
			0.5	0.6	0.7		0.65	0.75	0.9
			0.5	0.6	0.9	0.5	0.65	0.75	1.0+

注：表中數字爲舉高增加值與步距水平距離之比。

　　從屋面曲線坡度的比較中，我們可以看到，江南地區屋面曲線做法與《營造法原》所記錄的做法基本相似，屋面的坡度也很接近。同時，宋《營造法式》所記錄的屋面曲率也與江南地區較爲接近，而清工部《工程做法》中的舉架則要比江南地區屋面陡峭很多。從地域氣候方面來講，江南地區颱風較大，建築不宜過高，爲了保證簷高和使用功能，只能減少屋面坡度，從而降低總高。前面第一章第二節所述，婺州地區所採取的插樑做法，也對降低屋架高度有著積極地意義。從屋面工藝來講，江南地區經常採用冷攤瓦做法，屋面瓦件直接鋪在椽子上。即使在較大型的建築中用灰背，也做得很薄，瓦的固定相對北方較差。如果屋面坡度過陡，瓦件很容易滑下來。第三，從歷史淵源來講，《營造法式》在蘇州地區重刊，可能使地方做法與宋官式做法有著相互影響，而江南地區將這種傳統保留了下來。江南地區屋面曲率的形成有著很多種原因，歷史發展過程中的不確定因素也很多，這裡很難解釋清楚。但作爲結果，我們可以看到，江南屋面曲線在做法上與清工部《工程做法》是一致的，即從簷桁算起，向上求出曲率，而求出的曲率卻與宋《營造法式》比較接近。剛才已經說到，相比宋舉折算法，清舉架算法更容易操作，這種發展符合技術進步的規律，而江南地區的屋面曲率在算法上與清舉架相一致是很容易理解的。而在屋面最終的形象上，還保持了較爲平緩的宋代樣式，則說明該地區在建築藝術表現上更具古風。

第二章　木構件製作與結合
工藝比較分析

第一節　木構件做法與工藝的比較

一、柱子的做法與工藝

　　江南地區的柱類構件一般都以其位置和朝向進行命名，柱子上應標出名稱。標注時應注意將名稱標在向內的一側或不明顯的一側。比如，正貼屋架柱子的名稱一般標注在朝向內四界的一側，邊貼前後柱子的名稱一般標注在朝向脊柱的一側。柱子製作前先在木柱的兩端劃頭線，查看木柱是否有彎曲起翹，保證木柱的順直。當原料的彎曲度較大，難以加工得完全順直，則可以將其安裝在邊貼朝向牆內的一側，或是非主要立面的位置。接下來根據兩端的頭線彈八卦線。八卦線是根據木柱的截面形狀彈出的正多邊形，木柱為圓柱時，可根據實際情況先彈出四邊形，然後彈成八邊形、十六邊形，再用鉋子刨成光滑順直的柱子。然後彈中線，基麵線。基麵線是控制建築尺寸和構件相接的基準線。比如，柱子與樑類構件相交時，是以基麵線為基準高度，與枋類構件相交時，是以柱的頂面為基準高度，同高度的構件基麵線要在同一高度上。柱子的底面加工時應留有一定的餘量，以便於在現場鋸成實際所需要的尺寸。用柱頭杆點畫出榫卯的位置，然後用樣板畫出榫卯的實際輪廓線。做榫眼時，一般以榫頭為依據，榫眼的深度要大於榫頭的高度。如有通榫眼時，一般先做好通榫眼，在做半榫眼。柱上端如連接斗時，應把榫做好，柱子與斗以方榫或雙夾榫連接。（2-1-1 蘇州地區加工的柱子端頭）

2-1-1 蘇州地區加工的柱子端頭

　　蘇州地區的柱類構件一般爲直柱，無卷殺，柱頭做箍頭榫，用以包箍樑膽。柱頭兩側開口子，用以插接樑下連機。採用樑箍柱做法，先在柱子頂端鋸出樑膽口子，再用鑿子鑿掉餘料。樑底與柱頂要安裝穩當、伏貼。婺州民居木構架與徽州民居木構架常採用插樑式或穿斗式構架，抬樑式很少見。穿斗構架的柱子較細，柱徑在 15 釐米左右，甚至更細。當地人有個比喻，柱子只要夠高，小頭能擺個饅頭，就可做柱。較大廳堂的木構架採用插樑式木構架，柱徑一般在 30 釐米以上，甚至更粗。柱子一般用圓柱，也有一些採用瓜楞柱。瓜楞柱是用幾根木頭拼成的，斷面呈梅花狀，木材之間以榫卯插接。徽派傳統民居柱子的直徑與柱高的比例約在 1：9 與 1：10 之間。明早期木構架中，常常可以看到採用梭柱的做法。相比《營造法式》來講，徽州的做法更像是梭的形式，徽派民居中梭柱從柱子中間開始分別向上下兩頭做卷殺，形成中間鼓起，兩端收起的梭形。而《營造法式》記載的梭柱，是從柱子上端 1／3 處開始的卷殺，中段和下段柱徑不變。相比徽州民居，《營造法式》所載的梭柱只能算是半梭柱。徽州傳統民居的梭柱做法僅在明代建築中有遺

存，至清代則逐漸消失。在歙縣的一些民居中，也有類似於《營造法式》中梭柱做法，這種做法則一直沿襲到清代還在一些地方使用〔註1〕。婺州民居的柱子除了常做卷殺外，明代的遺構中還可見側腳的做法。所謂側腳，是指柱頭微微向內收進，柱腳向外微出，整個構架的柱子形成向內傾斜的形態，以增加木構架的穩定性〔註2〕。側腳做法是宋代建築中常用的構造手法，至清代則消失。而在江南地區的，尤其是徽州、婺州等級，還存此古法。（2-1-2 徽州梭柱與《營造法式》中梭柱、2-1-3 徽州梭柱做法）

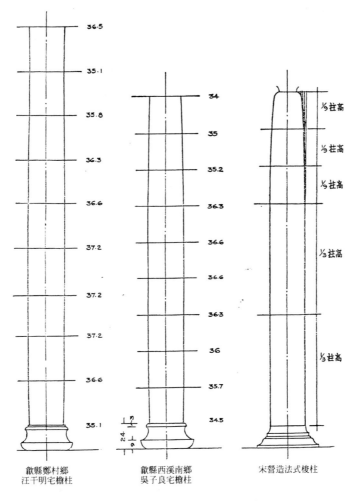

2-1-2 徽州梭柱與《營造法式》中梭柱

〔註1〕張仲一，曹見賓，付高傑，杜修均，徽州明代住宅〔M〕，北京：建築工程出版社，1957.5。

〔註2〕詳見王效清主編，中國古建築術語詞典，文物出版社，2007 年，第一版。

2-1-3 徽州梭柱做法

二、童柱的做法與工藝

童柱是安裝在樑上的短柱，也稱爲矮柱，徽州地區稱之爲瓜柱，婺州則稱爲騎棟。根據其位置，童柱可分爲脊童、金童、川金童。在蘇州，童柱的樣式分爲蛤蟆嘴和雷公嘴等。一般來說，蛤蟆嘴多爲明代建築造型，雷公嘴多爲清代建築造型。不論哪種童柱，皆爲上頭小下頭大的樣子，雷公嘴式因爲尖嘴較長需要騎在樑上，下頭通常還要比樑更粗一些。下料時，長度也比蛤蟆嘴的要長一些。蛤蟆嘴的下頭基本與樑一樣粗就可以。具體做法是，先在童柱的毛坯料上畫頭線（中心線）、中心十字線。接著在大小頭分正八邊形，細化成柱形。然後將小頭的拔尖砍出，在柱上彈出十字中心線。畫出下端的榫頭線，在前後兩面鋸出尖嘴的斜角。然後用繞鋸將榫頭和騎樑肩口鋸出。最後將童柱與樑配在一起加工，使其相互貼合。（2-1-4 蘇州各種童柱的做法、2-1-5 蘇州童柱與樑的親合）

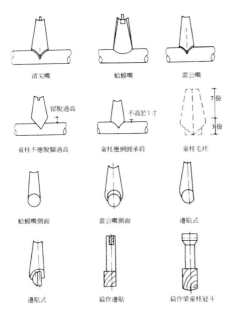

2-1-4 蘇州各種童柱的做法　　　　　2-1-5 蘇州童柱與樑的親合

徽州地區的瓜柱直接承檁，最上層的脊瓜柱兩側裝有雕花的叉手。瓜柱下端設有平盤斗，坐於樑上，常雕成蓮瓣或花卉等華麗圖案。明代早期平盤斗雕飾較爲簡單，如雕成六角形或方形花缽等形式，至清代逐漸繁複，出現了蓮花形和各種花鳥裝飾的平盤斗。當不用平盤斗時，瓜柱下端多收殺成鷹

嘴形狀，抱於樑上。這種形式與閩南地區的瓜筒有著較為接近的地方，而後者更為誇張，瓜筒十分粗壯，其直徑需明顯大於通樑，才能將通樑包住。瓜筒下端一般做成鷹爪狀或鴨蹼狀，咬住下面的通樑。安裝時，需要先將通樑穿過瓜筒，然後再將通樑固定在青柱上。瓜筒的筒身寬大，給裝飾加工留下了發揮的空間，雕刻、彩畫經常應用在瓜筒上，形態各異的瓜筒成為集中展示閩南建築工藝美的地方。婺州民居的騎棟同樣為上細下粗型，下端常作成鷹嘴狀，咬於下面的樑或穿枋上。（2-1-6徽州、浙江地區童柱與樑的咬接）

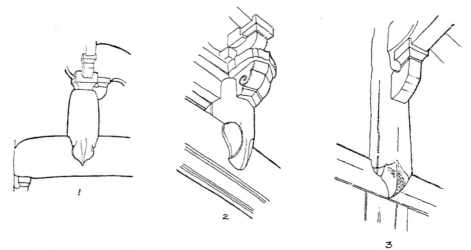

1. 浙江宣平縣延福寺大殿瓜柱下端做法（元）　2. 日本圓蝸寺本堂大虹梁童柱下端做法（公元1283年）
3. 歙縣鄭村鄉蘇雪痕宅脊瓜柱下端做法（明）

2-1-6 徽州、浙江地區童柱與樑的咬接

三、樑、枋類構件的製作工藝

樑是木構架中最主要的承重構件，其任務是承接豎向荷載並傳到兩端的柱上，因此樑類構件的主要應力為彎剪應力。枋類構件為水平連接構件，一般來說不承擔豎向荷載，是水平荷載的主要傳遞者和承擔者。當水平應力產生時，枋所連接的木構架以整體框架形式抵抗，枋則產生拉壓應力。因此典型的官式抬樑構架中兩者的結構功能是完全不同的。但是在江南地區，尤其是尤其是徽州、婺州地區，樑、枋構件常常沒有明確的區分，枋也常常承受上面的豎向荷載，成為實際意義上的樑類構件。所以本文將樑枋列為一類構件進行比較。

　　蘇州地區木構架主要為抬樑式木構架，樑枋有著較為明確的區別，但其構造及用材與北京做法有許多不同之處。根據樑的斷面，可分為圓作與扁作〔註3〕。一般來說，扁作等級較高，裝飾華麗，多用於富裕人家的廳堂、宗祠或園林建築中。圓作用料較省，用於低等級建築。香山幫建築平房樑架的大樑都用圓料，不用矩形方料。殿堂和較大的廳堂建築用扁作，較小的廳堂用圓作。也有的建築在邊貼用圓作，明間用扁作的，做法靈活。圓作中，樑的斷面基本為圓形，明代的圓樑稱為「黃鱔肚皮鯽魚背」，清代圓樑稱為「渾圓底口鯽魚背」。圓樑用料省，截面直徑一般僅為跨度的 1／20，底部挖地較大，端部做拔亥。樑的拱勢向上，一般可按 1／300～1／150 起拱。柱樑檁交接的節點不用斗栱，也沒有通長的枋與墊板。樑下僅以僅以短小的機（替木）託於檁下交接處。從用料來看，香山幫建築較北京民居建築更為細小，內部空間更輕快活潑。（2-1-7 圓樑的斷面形式、2-1-8 圓樑的拔亥挖底做法）

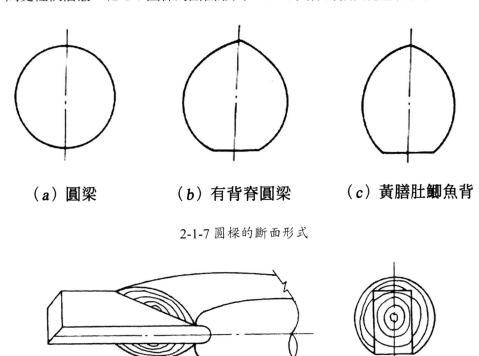

（a）圓梁　　　（b）有背脊圓梁　　　（c）黃膳肚鯽魚背

2-1-7 圓樑的斷面形式

2-1-8 圓樑的拔亥挖底做法

〔註3〕過漢泉，古建築木工，中國建築工業出版社，2004年，第一版，第56～65頁。

　　扁作樑斷面爲矩形，高寬比爲1：2.5～1：2左右。《營造法原》中講，扁作樑用料分爲獨木、實疊、虛拼三種。實際營造中，由於獨木做法浪費木料，一般僅用於小型樑架。扁作樑上部受壓，下部受拉受彎。因此，無論實疊或是虛拼，下部主料不得少於2／3樑高。實疊做法以主料、小料木材相疊成所需尺寸，用硬木榫、竹釘或鐵質橄欖釘將上下連成一體。虛拼做法則是先定下主料，在主料兩側拼側板，側板厚度1寸～1.5寸，外側與主料側面平齊。兩側板上部每隔一段距離用毛竹硬木搭（或蝦蟆搭）連接固定。中間的空擋根據童柱和斗的位置增加墊木。墊木兩端與側板以燕尾榫連接並用竹釘或鐵釘加固，上部可根據需要留卯，承接斗栱或童柱。扁作樑一般做成月樑形，兩端做卷殺、拔亥。扁作樑與柱、檁（桁）節點一般用斗栱、替木或連機（枋子）。以斗栱代替童柱，顯示了雍容華貴的氣派，是一種裝飾性很強的構架形式。（2-1-9扁作樑的拼接方式、2-1-10扁作樑的木雕連接方式、2-1-11扁作樑的拔亥挖底做法、2-1-12加工的樑類構件、2-1-13同時使用扁作樑與圓作樑的構架）

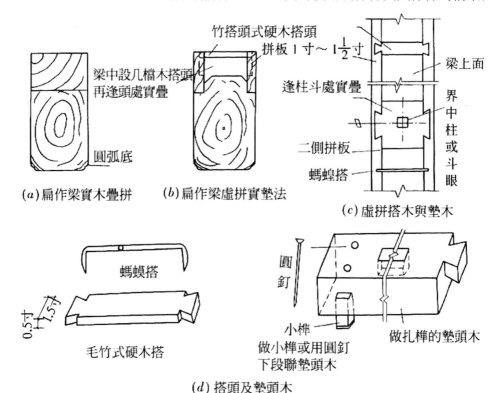

(a) 扁作梁實木疊拼　　(b) 扁作梁虛拼實墊法　　(c) 虛拼搭木與墊木

(d) 搭頭及墊頭木

2-1-9 扁作樑的拼接方式

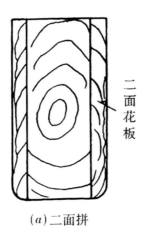

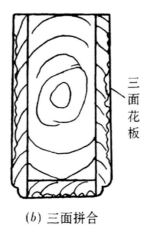

(a) 二面拼　　　　　　　　(b) 三面拼合

利用拼花板方式來拼合扁作梁
可提高施工進度

2-1-10 扁作梁的木雕連接方式

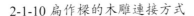

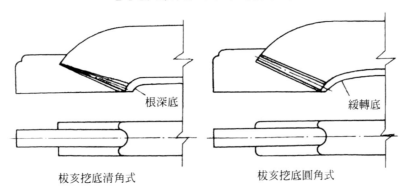

根深底　　　　　　　　　緩轉底

栣亥挖底清角式　　　　　　栣亥挖底圓角式

2-1-11 扁作梁的拔亥挖底做法

2-1-12 加工的梁類構件

2-1-13 同時使用扁作樑與圓作樑的構架

　　徽州民居的穿斗式樑架，樑枋斷面為狹長的矩形，極少裝飾，剖面略如琴面，樑身稍有些彎曲，穿插於柱子之間。由於穿斗式構架一般柱上直接承檁，樑枋的結構功能較為單一，柱間穿枋是較為純粹的連接構件，只起到抗水平力的作用。大型的徽州民居樑架常有插樑式構架，樑的截面多為矩形，但明間露明的梁略有彎曲形，稱為冬瓜樑。明代的樑素淨無華；清代則雕刻華麗。冬瓜樑類似宋《營造法式》中的月樑，但有所不同。徽州冬瓜樑斷面基本呈圓形，樑身中段稍高兩端較低，形成緩和的弧線。樑的斷面也是中段較粗，兩端稍細。樑身上下面刨平，從樑中心算起在梁端1／5處剝去如魚鰓狀，留出一條曲線，稱為「樑眉」。樑的兩端做成矩形斷面，插於柱身及出挑的丁字栱中。冬瓜樑的斷面及樑兩端的弧形凹線，隨年代不同也有所差異。明早期樑斷面接近圓形，至明末清初則逐漸扁方，兩端卷殺所形成的曲線也漸漸呈斜向的直線，與蘇州的樑十分接近。（2-1-14 營造法式中的月樑與徽州冬瓜樑的比較、2-1-15 徽州的冬瓜樑做法）

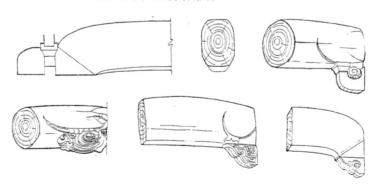

2-1-14 營造法式中的月樑與徽州冬瓜樑的比較

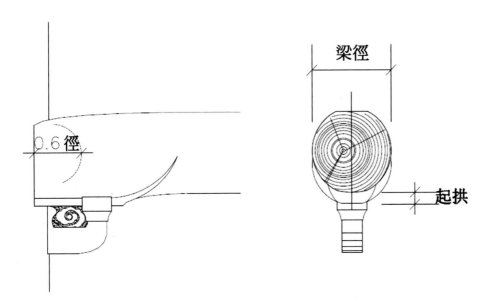

2-1-15 徽州的冬瓜樑做法

徽州的樑有承重與牽固兩種功能之分，承重樑的斷面高與寬之比一般為3：2，較為合理。牽固樑類似於宋《營造法式》中的劄牽，有穩定樑架的作用。從受力上講，劄牽穩定樑架，抵抗水平力，自身產生的主要應力為拉壓應力，幾乎無彎剪應力，也不抵抗豎向荷載，與枋應為一類構件。但因其所處位置與樑柱共同形成的屋架，處於同一方向，且造型相仿，故常被認為樑類構件。婺州地區的樑架中也有類似於宋建築中劄牽的單步樑，當地稱貓兒樑、泥鰍樑、蝦弓樑、大頭樑等，形態誇張，裝飾性極強。牽固樑不是主要受力構件，常常成為裝飾的重點。有些劄牽呈卷草狀，大量運用於樑架上，並以裝飾花板的搭配，十分華麗；有些地區的牽固樑背部彎曲，形同捲曲的貓背，稱之為貓兒樑；有些地區的牽固樑如同彎曲的蝦，稱為蝦弓樑或泥鰍樑。

在大型的徽州住宅中，常用九檁構架，明間的簷柱與金柱（江南稱步柱）之間用月樑式的雙步樑。雙步樑上用駝峰承托櫨斗，斗旁出栱並承托單步樑的樑頭。也有的構架不用駝峰和斗栱而以瓜柱代之，單步樑的樑頭則直接穿過瓜柱。這時單步樑為牽固樑，常為月樑形式。在蘇州，廊的雙步樑上有同樣的構件，稱為「眉川」。在七檁建築中，簷柱與金柱之間則僅以月樑形的單步樑聯繫，這時的單步樑則為承重樑。金柱之間使用五架樑，樑上置兩個瓜柱，支承三架樑，瓜柱與金柱上端另加牽固的單步樑，這是北方及蘇州建築

所沒有的做法。在婺州，這種牽固的單步樑也常出現，只是造型和裝飾與徽州不同。宋代《營造法式》中，對這種牽固樑有著明確的記載，稱爲紮牽。由此可見，相比北方做法，徽州、婺州的樑架與宋式古法有著更多的相似之處。三架樑上則立脊瓜柱承托脊檁，兩側置雕飾化的叉手。明初期叉手的線條簡潔，常雕刻如飄帶樣式，明後期則主要雕刻成雲紋圖案。樑上承受瓜柱的平盤斗均雕成蓮瓣或花卉等圖案，十分華麗。三架樑、單步樑樑頭均雕成雲紋、卷草。明代徽州民居的樑頭插入柱身，並用丁頭栱承托，栱眼內雕花，爲明代主要特徵，也是徽州木構架特有，明末以後，這種做法便消失了。（2-1-16徽州呈坎村寶綸閣中的紮牽和叉手、2-1-17徽州龍川胡氏宗祠中的紮牽、2-1-18蘇州民居中眉川的位置、2-1-19單步樑的比較）

2-1-16 徽州呈坎村寶綸閣中的紮牽和叉手

2-1-17 徽州龍川胡氏宗祠中的蜇牽

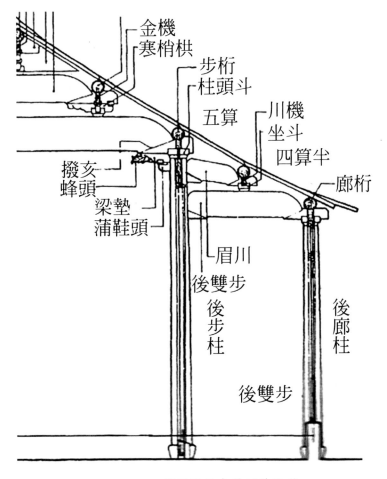

2-1-18 蘇州民居中眉川的位置

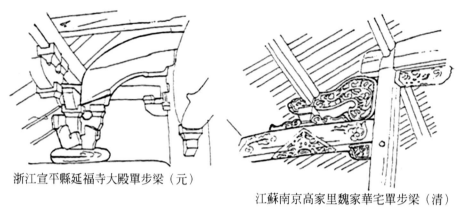

浙江宣平縣延福寺大殿單步梁（元）

江蘇南京高家里魏家華宅單步梁（清）

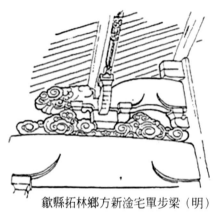

歙縣拓林鄉方新淦宅單步梁（明）

2-1-19 單步樑的比較

　　婺州地區樑的形式有兩種，月樑與直樑。月樑斷面又有矩形與橢圓形之分，前者常出現於明代建築，樑兩側微微鼓出，稱琴面；後者常在清代建築中使用，稱冬瓜樑。相比徽州地區的冬瓜樑，婺州地區樑的造型樑肩弧線舒卷而富有彈性。婺州地區很多做法受到《營造法式》的影響，大部分月樑都是琴面月樑，並使用一斗三升以及卷草狀背樑，此種形式為當地建築形式的重要語彙，也是《營造法式》受江南影響的證明。

　　直樑在婺州地區並不多見，一般用粗大圓木加工而成，常在其下方砍出曲線，表現出近似月樑的風格，這與蘇州地區的圓作樑較為接近。婺州地區的樑頭多以雕刻線條進行裝飾，如龍鬚紋、眉月紋或呈魚鰓狀，稱為樑腮，以突出樑的圓潤。明代的樑腮造型較為簡單，線條乾淨雕刻較淺。至清末民初則愈加華麗，樑槽深且多變化，端部還常常增添不同形式的曲線，如鶴頭、卷草紋等。婺州地區的闌額常常做成月樑的形式，當地稱為騎門樑，由於位

於建築的正立面，常常雕刻精美，是建築裝飾的重點。（2-1-20 婺州俞源村月樑樑頭的雕飾、2-1-21 婺州諸葛村建築木構架樑及樑頭大樣、2-1-22 婺州諸葛村中的樑及樑頭的雕飾）

2-1-20 婺州俞源村月樑樑頭的雕飾

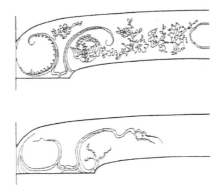

2-1-21 婺州諸葛村建築木構架樑及樑頭大樣

2-1-22 婺州諸葛村中的樑及樑頭的雕飾

小結

　　江南地區木構架在歷史的演變中形成了很多獨特的做法，這些做法有些是不同歷史時代留下的獨特印記，有些是由於文化和技術交流的產物。從五代至明早期的建築，江南地區的木構架做法比較大氣、清晰，結構關係比較明瞭，雕飾少，構架形式趨於簡樸。江南許多明代的木構建築中還保留了月樑、梭柱等工藝做法，展示了宋代以來江南木構架營造工藝的發展與變化。

明洪武年間南匠北調，使南方的營造技術與北方官式營造技術產生了較多的交流，促成了江南地區的木構架產生了相應的變化。官府、宗教等建築受到北方營造技術較多的影響，木構架偏向於北方構架的形式。民居、商鋪等建築朝著小巧靈活、精雕細琢的方向發展。而後者逐步形成了江南地區木構架的地域特色，如月樑、斗栱的雕飾等。尤其是單步搭牽樑，從結構來講，並沒有什麼承載作用，只起拉結作用。但對其雕飾加工卻不惜代價，用料很大、雕鑿費功成為木構架中十分華麗的裝飾性的構件。江南經濟的繁榮和財力的積累使得江南建築有能力在裝飾上盡顯奢華的風格。這極大地促進了手工技藝的發展，徽州三雕、東陽木雕等都是其傑出的代表。這些手工技藝與傳統建築的結合，使江南建築的構件朝著裝飾化方向發展，而構造上的功能被極大地削減了。

明中期以後，徽商影響了整個江南地區的經濟，也促進了城鎮的建設。這時候在浙江等地常常可以看到徽派建築做法與當地做法的結合。徽派木構架風格大氣，用料粗壯，浙江的錢塘江流域常常可以看到近於徽派的多瓜樑，木構架的結構組成與構件樣式也呈現出徽派的風格。從文化角度來看，徽州地區的語言是在吳語的基礎上結合北方、浙江、江西等移民遷入逐漸形成的，語言和文化的交流對於工藝的交流也有著促進作用。雖然在具體的構造和做法上，江南各地區的木構架會結合當地的實際情況做出相應的變化，但從整體的風格上表現出了較強的同一性。江南木構架在結構上簡單靈活，不必遵章守法。如草架與軒的運用，轉角處的嫩戧發戧技術，歇山構架的結構等，江南木構架的構造都比北方官式建築更加簡單。而在木構架的裝飾上，又極盡奢華。尤其是雕刻工藝，更是費事費力，工不厭精。正是建築構造與裝飾這兩方面向著不同方向的發展，最終形成了江南木構架輕巧靈活、工藝精緻的風格。

第二節　木構架的結合工藝比較分析

一、固定豎向構件的節點構造與工藝

豎向構件的固定主要是指柱類構件的固定，從木構架的結構功能來看，柱類構件的固定是整個木構架穩定性的關鍵所在。由於木材性能特點，江南匠諺中一直有「橫挑千斤豎承萬」的說法。木材本身抗壓性能較強，如果不考慮失穩因素，傳統建築中的木材很難被壓斷，所以柱類構件所承受的壓力

並不是結構上主要考慮的問題。柱類構件的穩定性是其結構性能最重要的方面，大型木構建築中增加柱子的直徑也主要是爲了加強柱子的穩定性，以防柱子歪斜失穩而被折斷。我們可以想一下，要想提高柱子的結構性能使柱子不會失穩，就需要使柱子儘量成爲理想中的二力杆件，即儘量使柱子兩端的壓力在同一軸線上。做到這點並不難，從力學上講，如果柱子兩端的連接方式爲鉸接，並僅在兩端受力，那麼柱子一定便是二力杆件。但問題是，從傳統木構架的形式來講，如果柱子的連接僅僅是鉸接，木構架整體的變形將會很大，爲了保證居住的使用功能，木構架必須有較強的抗變形能力，那麼柱子的連接處則需要有一定的剛度。所以如何做到構件合理受力以及擁有較強的剛度，是傳統木構架結構性能的關鍵。

　　江南地區傳統木構架中柱子一般立在柱礎上，柱礎的形態各異，雕飾精美，其中最常見的是一種類似於圓鼓形狀的柱礎，稱爲鼓蹬。鼓蹬的主要功能是防止地下潮氣侵蝕柱子，是柱子的保護構件。鼓蹬的用料有木質和石質，木鼓蹬較少，一般出現在明末建築中，而石鼓蹬由於其良好的防潮抗壓能力，則大量出現在江南建築中。在樓房二層的柱子下端，也常使用一種假的木鼓蹬，其構造方式是在柱子的外圍用木材雕成一圈類似鼓蹬的構件，主要起到裝飾作用，這種鼓蹬沒有防潮的作用，也就稱不上是柱礎了。相比北方地區的柱礎，鼓蹬一般較高，爲了連接穩定，鼓蹬與柱子之間常做榫卯，以加強連接。具體做法一般是在鼓蹬的頂部鑿出一寸左右深度和直徑的凹洞，柱子的底部做榫頭，插入鼓蹬。這種連接方法的好處是在水平面上對柱子有固定作用，防止柱子發生位移，而柱子的端部又有一定的活動餘地，可以算是水平面上的半鉸接。當柱子兩端產生壓力時，柱子的底部可以調節方向使柱子兩端的應力基本保持在一條軸線上，減少柱子底部彎應力的產生。蘇州、徽州、婺州的鼓蹬在結構功能和防護構造功能上基本相似，這是是江南地區柱礎連接的主要特徵。而各地差異僅在裝飾層面上，本節不做探討。江南地區柱類構件的底部受力情況比較接近，但由於柱頂部與樑枋的連接方式上有所不同，這使得柱子的總體受力情況有所不同，這將在下一節中與樑、枋類構件的連接中一併探討。（2-2-1 柱子底端的連接方式、2-2-2 柱礎的樣式、2-2-3 柱礎的樣式）

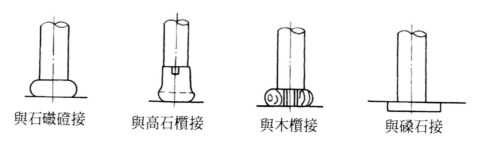

與石礩磴接　　與高石櫨接　　與木櫨接　　與磉石接

2-2-1 柱子底端的連接方式

2-2-2 柱礎的樣式

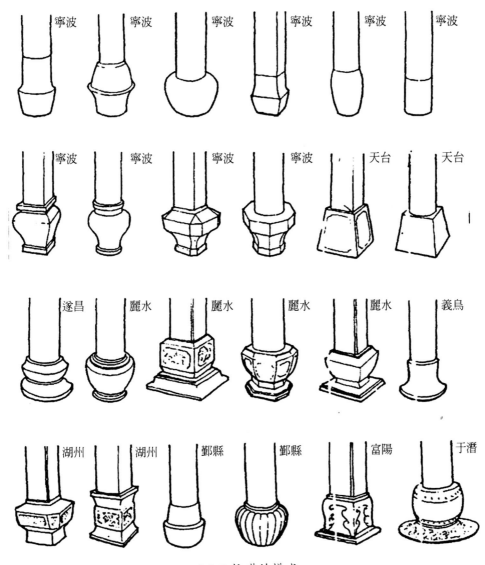

2-2-3 柱礎的樣式

在插樑式木構架和抬樑式木構架中，童柱是木構架中十分重要的豎向構件，層疊而上的童柱是建築荷載的主要承擔著，其穩定性則是整個木構架穩定性的關鍵。由於童柱一般較爲短粗，抗彎、抗壓能力都較強，所以對於童柱而言，承載能力不是主要問題，而如何穩定連接並將荷載均勻傳遞則是其結構上需要主要考慮的問題。蘇州地區的童柱上細下粗，下端常做成蛤蟆嘴或雷公嘴造型，採用親柱法與樑結合。親柱法是指圓童柱與圓樑通過平行劃線的方法，使童柱下端與圓樑的背密切貼合的方法。操作要領一是初步做出

童柱榫頭插入樑的卯眼，確保樑柱的垂直關係，兩者貼合。然後用鑿子進行精細劃線加工，使童柱與樑親和。最後是畫出樑膽口線，做出樑膽口和機口榫。徽州與婺州地區插樑式木構架中，瓜柱（或稱騎棟）造型更加誇張，其直徑常常比圓樑還要粗，下端做成鷹嘴狀咬接在樑上。如果瓜柱下有平盤斗，則立於平盤斗上，平盤斗則坐於樑上。清代以後，平盤斗逐漸成為裝飾的重點，常雕成蓮瓣或花卉等華麗圖案。徽州與婺州民居木構架的瓜柱兩側常常有棼牽一樣的構件，對瓜柱及整個樑架有著穩定的作用。最上層的瓜柱兩側還有雕花的叉手，對脊瓜柱有著穩定作用。綜合來看，插樑式木構架中童柱（瓜柱）的穩定性相對較好，與樑架連接較為牢固，再加上棼牽、叉手等構架的運用，樑架的整體性更加良好。（2-2-4 徽州民居中平盤斗的樣式、2-2-5 徽州民居中的棼牽與駝峰、2-2-6 徽州民居中的叉手）

2-2-4 徽州民居中平盤斗的樣式

2-2-5 徽州民居中的繁單與駝峰

2-2-6 徽州民居中的叉手

二、拉結水平構件的節點構造與工藝

樑在木構架中是彎應力的主要承受者，也是木構架中最重要的承載構件。由於木材抗彎性能遠遠不及抗壓性能，樑類構架的承載性能便顯得尤為重要。如何提高木構架的抗彎性能是這類構件連接的主要問題。在官式做法中，枋在木構架中只起到穿插拉結的作用，並不承受彎應力，而是水平荷載的主要傳遞者，不應與樑類構件一起比較。但江南地區很多枋子也起到樑的作用，是受彎構件，這時候則將其歸為樑類構件，其節點構造和用材與樑類構件一樣決定其抗彎性能。

蘇州地區的樑與柱之間常採用樑包箍柱子的構造做法，較少用柱頂樑做法。而北方地區的大多木構架採用柱頂樑的做法。柱頂樑做法是柱上做榫，插入樑底的卯眼中。而樑箍柱的做法是柱子頂端挖出樑套，中間至兩側開機口，樑的相應位置開樑膽，與樑套相貼合，樑下用連機加固。顯然這種連接構造比柱頂樑的構造更加牢固，從受力連接來講，柱頂樑的做法基本可以看做是鉸接，樑包箍柱子的做法有一定的傳力性能，但是傳遞的彎力很有限，也基本可以看做是半鉸接。徽州地區木構架為穿斗式或插樑式木構架。柱子的端頭直接承檁，柱身開口子，插入樑頭或枋頭，並以「關鍵」等構件加固，使柱樑連接緊密。這種做法，柱子與樑結合呈直角剛接，很難有活動的餘地，基本可以看做是剛性連接。婺州木構架與徽州較為相似，也是穿斗式或插樑式木構架。婺州木構架中常用一種稱為雨傘銷的加固構件，將樑枋與柱子緊固在一起。這種固定方式也基本可以看成是剛性連接。（2-2-7 蘇州木構架中樑箍柱做法、2-2-8 蘇州地區木構架樑柱的結合的兩種做法比較、2-2-9 北方地區樑柱檁枋的結合、2-2-10 徽州民居中的柱樑或柱枋連接、2-2-11 婺州民居中的羊角銷和雨傘銷）

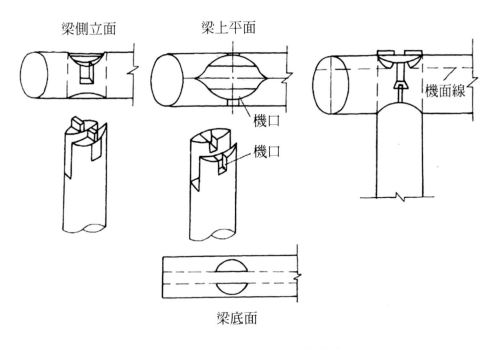

2-2-7 蘇州木構架中樑箍柱做法

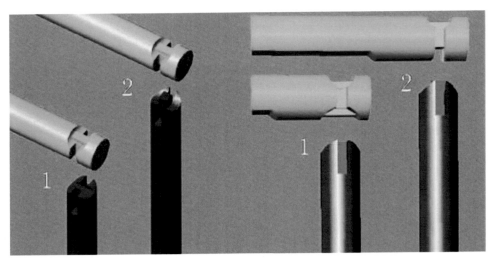

1、樑箍柱法　2、柱頂樑法

2-2-8 蘇州地區木構架樑柱的結合的兩種做法比較

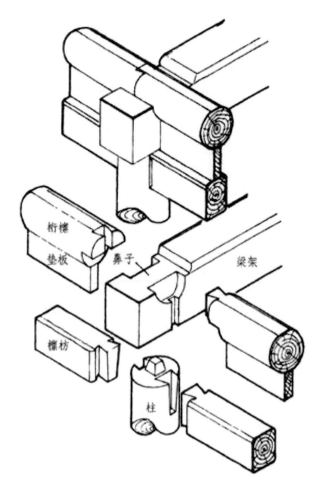

桁檩
墊板
鼻子
梁架
檩枋
柱

2-2-9 北方地區樑柱檩枋的結合

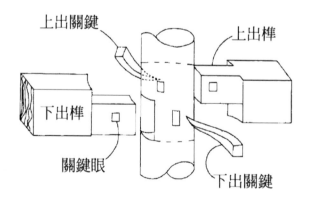

上出關鍵
上出榫
下出榫
關鍵眼
下出關鍵

2-2-10 徽州民居中的柱樑或柱枋連接

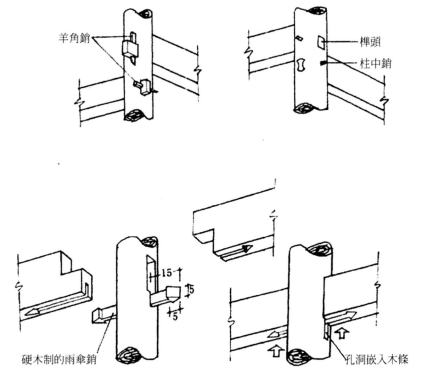

2-2-11 婺州民居中的羊角銷和雨傘銷

三、木構架的受力分析

在理想模式下,我們可以試著分析一下各種連接方式對構架受力產生的影響。我們假定樑柱完全鉸接與樑柱完全剛接,柱下端完全鉸接,樑上均勻受力,其受力形式如下。(2-2-12 樑)

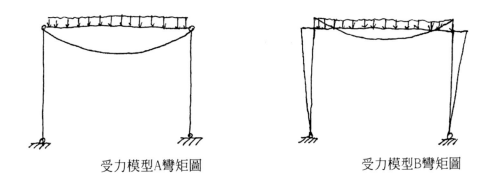

受力模型A彎矩圖　　　　　　受力模型B彎矩圖

2-2-12 樑柱鉸接與剛接的受力比較

　　模型 A 中，樑柱鉸接，柱底鉸接。模型 B 中，樑柱剛接，柱底鉸接。從圖中我們可以看到，模型 A 與模型 B 所承受的壓力一樣。而在彎矩圖中，模型 A 的彎力完全由樑承擔，彎矩較大，柱子只承受壓力，不承受彎力。模型 B 中，彎矩由樑和柱子共同承擔，樑和柱子所承受的彎力都不大。模型 A 中樑柱結合的端頭沒有彎應力，模型 B 中樑柱結合的端頭有著較大的彎應力。可見模型 B 中的木構架的整體配合性較好，但結合處較爲薄弱，而模型 A 中樑承受了全部彎應力，是構架中的薄弱部分。

　　根據剛才的分析，蘇州地區的樑柱連接構造更接近與模型 A，而徽州婺州地區的樑柱連接構造更接近與模型 B，這說明蘇州地區的木構架中，樑所承受的彎應力要大於徽州、婺州地區，樑的截面也應更粗壯一些才行。而徽州婺州地區，柱類構件除了承受壓力以外，還要承受一定的彎力，柱的用材需要加強。但從實際情況來看並非如此，蘇州地區樑的用材並沒有明顯的增強，徽州婺州地區，柱子用材也比較單薄。這兩類構件成爲了木構架受力中的薄弱部分。從用材的外形來講，月樑的形式是有利於抵抗彎應力的，這種做法得以保存是較爲合理的。明代以來的梭柱形式也適合於抵抗彎應力，但是到清代卻逐漸消失了。蘇州地區樑柱連接構造彎應力較小，徽州婺州地區，樑柱的結合處彎應力較大。而樑柱結合的部位由於榫卯的存在，一直是用材最爲薄弱的地方，卻集中了較大的應力，如果沒有其他加強措施，將成爲木構架受力的短板。徽州地區常採用丁字栱雀替等構件加強連接，婺州地區採用牛腿等構件加強連接，但從實際效果來看並不明顯。尤其是清代以來，這些構件逐漸成爲雕刻裝飾對象，喪失了構造上的功能，這些部位成爲木構架中較易損毀的地方，也是木構架建築保護和修繕中最需要關注的地方。

第三章　木構架特殊部位的做法

第一節　軒、椽與屋面基層工藝

一、屋面椽與軒椽在木構架中的功能與位置

　　江南地區的廳堂建築中往往在屋頂下面再做一層天花層，形成兩層屋架，上層為草架，軒位於草架之下，與內四界樑架相連，共同形成室內天花。這是江南廳堂建築的基本特點和風格。用草架施復水椽及翻軒的做法是在草架和復水椽技術廣泛使用的基礎上發展起來的結構形式。軒是由軒樑、軒椽、軒桁等構件連接而成自身對稱的結構體系。軒椽上覆以望磚，形成天花，有防塵、隔熱的作用。軒架之上的草架，用料比較粗糙，結構也不很工整，搭接方式因需而定。軒架做法使樑檁之間的又增加了一層連接構件，起到了加固的作用。軒與屋面之間的草架，簡化了施工程序，有助於節省木材，並且可以很容易的調節屋面的舉折，是一種合理的做法。軒不僅可用於大型的廳堂建築，也可以用於樓廳，根據軒在樓廳的位置，可以分為：樓下軒、騎廊軒、副簷軒等。樓下軒是指樓廳的廊柱與步柱都通長至屋頂時，在樓下兩柱之間做軒架。騎廊軒是指樓廳四界承重以前步柱通至屋頂時，在廊柱與步柱之間做軒，如上層廊柱後退並架於軒之中軒桁之上時，則稱為立帖式騎廊軒。副簷軒是指樓廳的步柱或軒步柱通至屋頂，廊柱與步柱間做軒，上面以屋面連於樓房。

二、軒的形式與構造

江南地區，軒的應用十分廣泛，造型也十分豐富。蘇州、徽州、婺州等地的軒架做法並無太大區別，軒的做法主要由軒椽的形式來區分，一般來說，可分鶴頸軒、菱角軒、船篷軒、海棠軒、一枝香軒、茶壺檔軒、萬字軒等。軒根據構造不同有：抬頭軒、磕頭軒、半磕頭軒等。

茶壺檔軒是用於廊軒的簡單結構，僅一界深，一般爲三尺半至四尺半。茶壺檔軒是將軒椽底部抬高一個望磚的高度，似茶壺底形，因而得名。茶壺檔軒一般用於圓作，軒樑的底部挖半寸與軒椽形式保持一致。茶壺檔式的椽彎曲處取 1／4 界深，挖底二寸，廊川圍徑照大樑 6／10 來定尺寸。弓形軒是將軒樑和軒椽向上彎成弓形。弓形軒用於稍大的廊軒，深四尺至五尺，一般爲扁作，軒樑、軒椽、軒桁都爲矩形斷面。軒頂的弓形椽栱高爲界深 2／10 來定尺寸。一枝香軒用於較大的廊軒，扁作兩界深，一般爲四尺半至五尺半。一枝香軒的軒樑中部置斗，斗上承軒桁，兩邊的軒椽彎成鵝頸形或菱角形，對稱擱於桁上。船篷軒、菱角軒和鵝頸軒爲三界軒，用於內軒。一般爲六尺至八尺，有的可達十尺。船篷軒分爲圓料船篷軒和扁作船篷軒，分別用於圓堂和扁作廳。船篷頂的椽彎曲拱勢以兩軒桁之間距 1／10 定高度，屋面水法按五舉推山。鵝頸軒和菱角軒是在扁作船篷軒的基礎上發展而來的，區別在於軒椽的形式更爲華麗，兩邊的軒椽形似鵝頸和菱角。鵝頸軒的鵝脛式三段彎形椽按現場尺寸放大樣而定，軒樑圓形按瓜樑做法，並挖底一寸。菱角軒的軒椽有彎角式，其菱角椽的彎勢根據屋內空間需要確定，軒樑圍徑依軒深 1.5／10 來確定尺寸，月樑照軒樑 8／10 來確定尺寸。

軒在香山幫建築中起到了重要的美化作用。軒的高低位置，還對室內空間起到了一定的劃分作用。軒的樑底與內四界大樑底相平的稱爲抬頭軒，軒樑底低於內四界大樑底的稱爲磕頭軒，軒樑底稍低於內四界大樑底的稱爲半磕頭軒。廳堂用軒使得木構架在不改變跨度的情況下，加大了室內空間的進深，樑架的斷面不至於因過大而顯得笨重。同時軒的使用對室內空間進行了二次劃分，主次分明，在統一的風格中富於變化。軒架和屋架之間形成的空氣層，對多季室內保溫和夏季隔熱也起到了一定的作用。可以說，軒在建築結構、空間形式、使用功能方面都取得了良好的效果，是江南建築的一大特色。（3-1-1 扁作抬頭軒、3-1-2 圓堂船篷軒、3-1-3 鴛鴦廳、3-1-4 滿軒、3-1-5 回頂鱉殼、3-1-6 回頂草架）

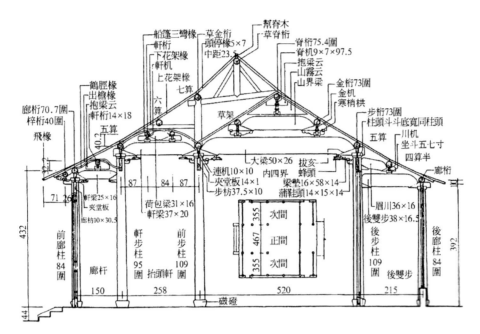

3-1-1 扁作抬頭軒

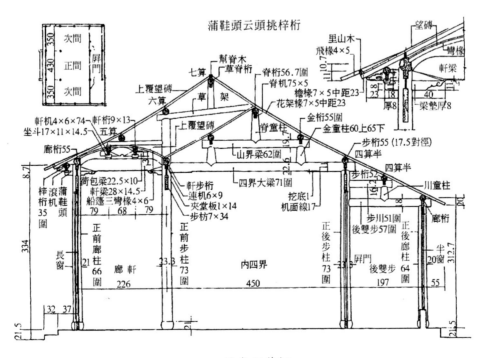

3-1-2 圓堂船蓬軒

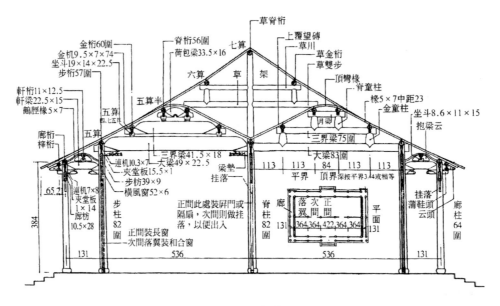

3-1-3 鴛鴦廳

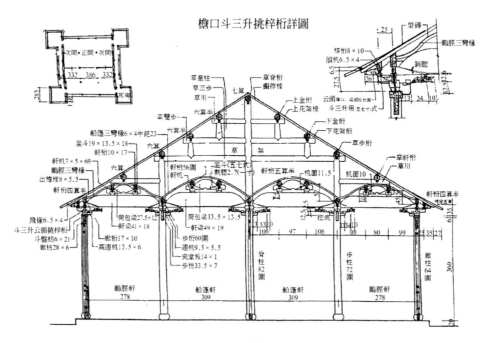

3-1-4 滿軒

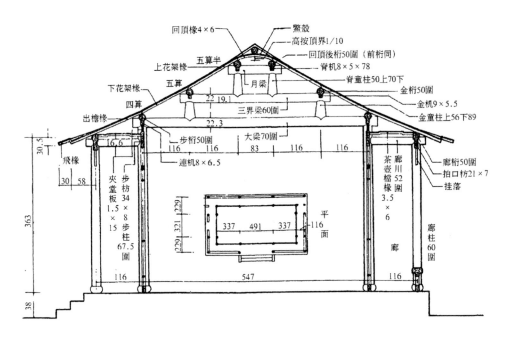

3-1-5 回頂鱉殼

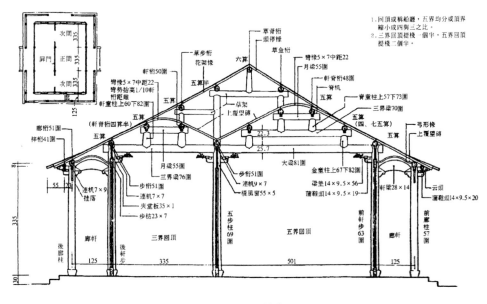

3-1-6 回頂草架

第二節 屋面轉角構造與製作工藝

一、屋角起翹做法

江南地區氣候多雨，傳統建築屋脊高聳，翼角的衝出與起翹值均大於北方建築，屋角起翹方式是江南建築一大特色。

根據明清時期的實例分佈，嫩戧做法主要流行於江蘇、浙江地區，其次為安徽、江西、福建、湖南、湖北等地，而北方的河南、河北、山西等地主要為老角樑仔角樑做法。翼角的做法一直被認為區別南北方建築風格的主要特徵。北方官式做法中，老角樑的前面壓在簷槫上，後尾承接下平槫，呈槓杆受力形式，十分穩妥。這樣做使得老角樑前端上翹，成為翼角翹起的主要定位結構。這種做法被稱為扣金角樑做法。北方的一些地方做法是將老角樑壓在簷槫和下平槫之上，老角樑的前端翹起較小，這種做法稱為壓金角樑做法。扣金角樑做法形如槓杆，前端上翹，壓金角樑做法平搭在槫上，起翹自然很小，所以北方地方做法比官式做法的翼角要平緩。這在山西的南禪寺大殿、佛光寺大殿、應縣木塔以及大同上華嚴寺薄迦教藏殿中都可以見到。（3-2-1官式扣金角樑做法、3-2-2北方壓金角樑做法）

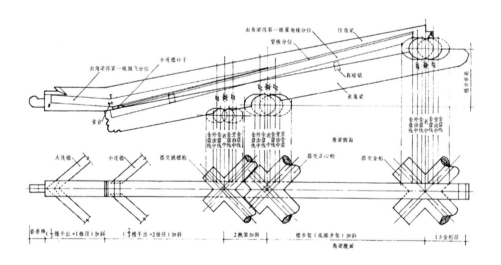

3-2-1 官式扣金角樑做法

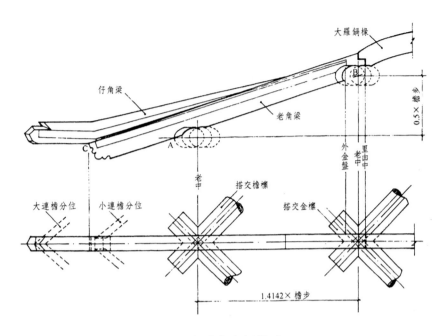

3-2-2 北方壓金角樑做法

　　姚承祖的《營造法原》中詳細的記錄了江南地區屋角發戧的做法。發戧分為「水戧發戧」和「嫩戧發戧」兩種形式。前者是以水作發戧，起翹較小，後者以木作發戧，嫩戧作為起翹的主要承重構件，起翹較大。水戧發戧是指屋簷翼角的起翹主要靠泥水作來完成，即屋面基層的木結構並不翹起，而是泥水作工匠用磚瓦的砌築出起翹的形式。嫩戧發戧是指屋簷翼角的起翹主要由木作來完成，屋角的老戧（老角樑）向斜上方增加一個稱為嫩戧的構件，組成向上起翹的骨架，由此支撐整個屋角的起翹。這種起翹造型誇張，屋角處突然升起，給人很強的視覺衝擊，這也成為江南建築區別於北方建築的最大的特點。

　　在四川地區有一種弦子戧的做法，從翼角的外觀上與江南嫩戧發戧做法十分相似。但其翼角的起翹是以構件直接彎曲的形式達到的。弦子戧的出頭有三種不同形式，一種是用封簷板包護弦子戧，兩側封簷板能夠交匯到翼角端部；另一種是弦子戧出頭與封簷板自然齊平，弦子戧端部用套獸狀瓦件保護，屋面兩側的勾頭瓦排至轉角的頂點，與套獸相接；還有一種是弦子戧突出於封簷板，弦子戧端部用兩三片線瓦蓋住。

　　除此以外，江南建築中還有一種做法，是以老角樑與仔角樑做成斜向上的 45 度起翹，造型與嫩戧發戧較為相似，其實例可見於浙江金華天寧寺大殿。

該殿建於公元 1318 年，其做法是在老角樑上疊放仔角樑木料，呈三角形，與老角樑做成向上 45 度的起翹。這種做法介於仔角樑與嫩戧之間，可以看做是嫩戧發戧技術的前身。（3-2-3 各式木戧做法、3-2-4 營造法原中嫩戧發戧做法）

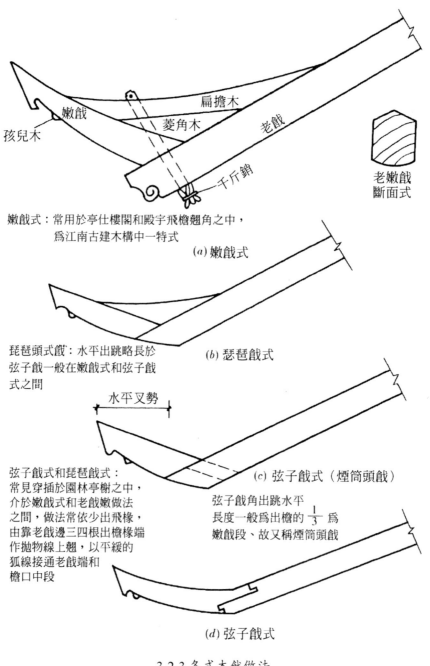

嫩戧　菱角木　扁擔木　老戧

孩兒木

千斤銷

老嫩戧
斷面式

嫩戧式：常用於亭仕樓閣和殿宇飛檐翹角之中，
　　　　為江南古建木構中一特式

(a) 嫩戧式

琵琶頭式戧：水平出跳略長於
弦子戧一般在嫩戧式和弦子戧
式之間

(b) 瑟琶戧式

水平叉勢

弦子戧式和琵琶戧式：
常見穿插於園林亭榭之中，
介於嫩戧式和老戧嫩做法
之間，做法常依少出飛椽，
由靠老戧邊三四根出檐椽端
作拋物線上翹，以平緩的
狐線接通老戧端和
檐口中段

(c) 弦子戧式（煙筒頭戧）

弦子戧角出跳水平
長度一般為出檐的 $\frac{1}{3}$ 為
嫩戧段、故又稱煙筒頭戧

(d) 弦子戧式

3-2-3 各式木戧做法

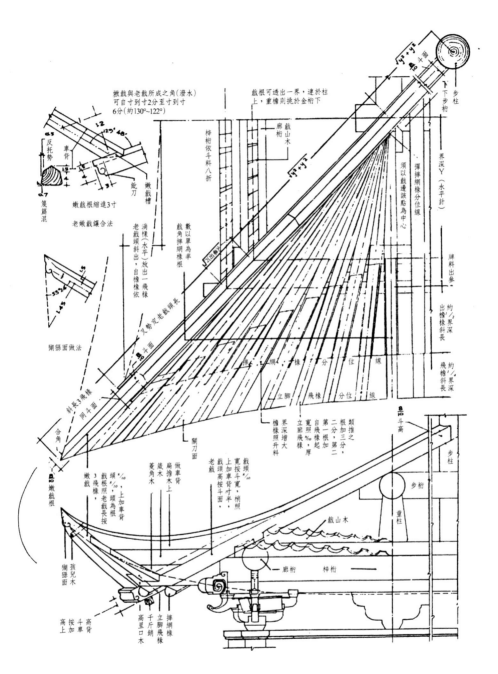

3-2-4 營造法原中嫩戧發戧做法

二、嫩戧製作與安裝工藝

　　嫩戧發戧屋角木作構造較為複雜，關於戧角的木構件，除了作為結構層的老、嫩戧，摔網椽、立腳飛椽之外，工匠將其主要構件歸結為「五板五木」，「五木」指菱角木、扁擔木、孩兒木、戧山木和高裏口木；「五板」則包括：遮椽板、瓦口板、摔望板、卷戧板和鱉殼板。老戧、嫩戧、菱角木、扁擔木、孩兒木、千金銷、木箴等位於戧角斜線上，是主要的承載構件。老戧嫩戧是角樑的主要結構構件，嫩戧下料時截面基本為方形，在安裝彎眠簷、立腳飛、遮椽板時切削成型。老、嫩戧之間以菱角木、扁擔木、孩兒木、千金銷相連。摔網椽、立腳飛椽及其他相關構件（捺角木、彎眠簷、高裏口木、戧山木等）構成其他部位承載構件。摔網椽與立角飛椽與簷椽與飛椽作用相當，是基本的受力構件。高裏口木又稱彎裏口木或關刀裏口木，釘於摔網椽上，將立腳飛椽逐根墊起。它不僅有封堵椽子之間空隙的作用，還有加固立角飛椽和生起立角飛椽的作用。彎眠簷又稱關刀彎眠簷，是位於戧角處的眠簷。彎眠簷是戧角處立腳飛、瓦口板、遮椽板等構件的製作與安裝的重要依據。戧山木位於廊桁和簷桁上，其作用是將摔網椽逐根墊起，直至最後一根摔網椽上皮基本與老戧基本相平。捺腳木是立角飛的固定構件。這主要因為靠近嫩戧的幾根飛椽幾乎沒有後尾，同時立腳飛與高裏口木之間不做榫卯，僅用椽釘釘死。為了防止這幾根立腳飛的傾覆，就採取在其後根處加釘捺腳木的方法。摔望板、卷戧板、鱉殼板、遮椽板、瓦口板是應用於戧角屋面的五種板材。其中，摔望板相當於正身屋面的望板，是位於摔網椽上的木基層。卷戧板則是釘在摔網椽上的木基層，其上釘立腳飛椽，立腳飛椽隨高裏口木和戧山木起翹，上面釘卷戧板作為基層。這樣，屋面在轉角的曲面就形成了。遮椽板與瓦口板是戧角簷口處的曲形板材，用以控制和校正簷口曲線形態。戧角兩側的遮椽板在嫩戧端部合攏，用馬口連釘固定。遮椽板另一端則與正身遮椽板相連。

　　江南木構架建築天井轉角處（陰角處）的處理方法則較為簡單。一般以角樑直接搭接在屋架的簷檁交接處和斜上方的金檁交接處即可。椽子向天井內伸出，形成較為自然的曲線。陰角的處理主要原則是滿足屋面排水需要，為防止屋面匯水直接落在地上而濺到屋裏，常常在陰角匯水處用竹筒作為排水管，將雨水輸送到天井的溝裏。（3-2-5 嫩戧發戧的構造、3-2-6 孩兒木的做法、3-2-7 千金銷的做法）

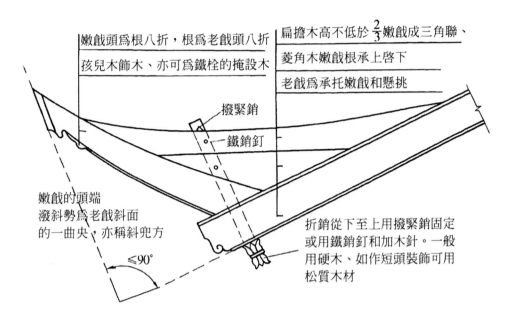

嫩戧頭爲根八折，根爲老戧頭八折

孩兒木飾木、亦可爲鐵栓的掩設木

扁擔木高不低於$\frac{2}{3}$嫩戧成三角聯、

菱角木嫩戧根承上啓下

老戧爲承托嫩戧和懸挑

撥緊銷

鐵銷釘

嫩戧的頭端

潑斜勢爲老戧斜面

的一曲央、亦稱斜兜方

≤90°

折銷從下至上用撥緊銷固定

或用鐵銷釘和加木針。一般

用硬木、如作短頭裝飾可用

松質木材

3-2-5 嫩戧發戧的構造

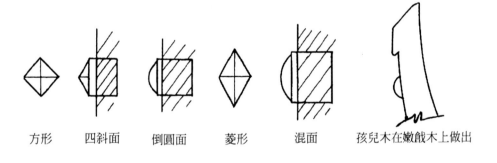

方形　　　四斜面　　　倒圓面　　　菱形　　　混面　　　孩兒木在嫩戧木上做出

3-2-6 孩兒木的做法

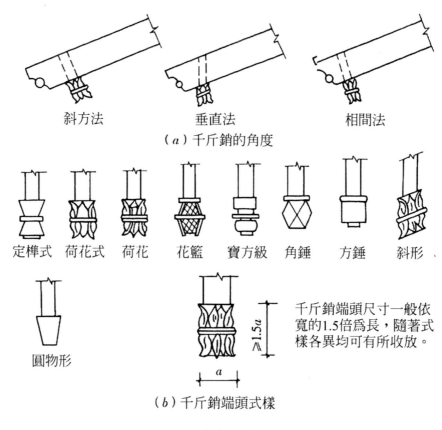

（a）千斤銷的角度

定榫式　荷花式　荷花　花籃　寶方級　角錘　方錘　斜形

圓物形

千斤銷端頭尺寸一般依寬的1.5倍爲長，隨著式樣各異均可有所收放。

（b）千斤銷端頭式樣

3-2-7 千金銷的做法

三、關於轉角做法的一些討論

我們可以將翼角在北方做法和南方地區的做法進行一下比較，江南地區的角樑同爲上下兩層，上層爲嫩戧或水戧，下層爲老戧。這與北方地區的仔角樑老角樑較爲相似。老戧和北方的老角樑位置、外形基本相同，嫩戧卻和仔角樑有很多差異，它與老戧的成角更小，導致翼角起翹更高，在老、嫩戧之間形成一個三角形結構，提高了角部的結構強度。同時，翼角的起翹還影響了翼角處和屋面正身的關係，並引出立腳飛椽的構造。從整體結構上看，官式做法的翼角起翹主要是靠老角樑做成扣金角樑構造形成的，起翹由老角樑做起，仔角樑後尾削成斜面，與老角樑共同完成屋角的起翹，由於老角樑後尾扣在檁下，呈槓杆狀，結構上十分穩妥。而北方的壓金角樑做法由於缺少了老角樑的起翹，翼角較爲平緩。江南的嫩戧做法，則是直接在老戧上接出高高起翹的嫩戧，形式上較爲突兀。同時，由於老戧端部增加了嫩戧、菱角木、

扁擔木等構件，增加了屋角的重量，使屋角容易傾覆。所幸江南建築屋面灰背較薄，重量較輕，減少了傾覆的可能。這大概也是嫩戧做法在江南流行的原因。四川李莊地區弦子戧用構件彎曲的方式使翼角起翹，弦子戧從位置來看是由仔角樑發展而來的，椽子起翹弧度主要由弦子戧決定。相比江南嫩戧做法，弦子戧做法更加輕巧，也不易傾覆，但獲得了非常接近的外觀形式。

　　關於嫩戧發戧技術的起源和緣由，學術界有不同看法，蕭默認爲「角翹肇興於北方，漸流於南方」〔註1〕；《屋角起翹緣起及其流佈》一文詳細論述了北方官式做法和江南嫩戧做法在技術上的合理性，以及技術發展的延續性，指出角翹緣於角樑前部負荷加大，是力學上的需要。角翹實際上是由於技術上的要求而引起形式上的變化，而江南做法是受到北方的影響，做出的形式上的改變，但只學到了起翹的形式，並未作出技術上的改進。而也有些學者則認爲嫩戧發源於南宋至元時期的江南地區。高念華在《對江南角翹問題的幾點看法》一文中認爲中國建築的簷角的反宇起翹，自發生流佈後，南北方就朝著兩個方向發展，南方自唐代以後就開始出現高翹的簷角〔註2〕，應該是南方角翹在先。後來又有研究將南北方建築實例進行綜合比較，試圖探求角翹做法的緣起〔註3〕。岳青、趙曉梅、徐怡濤在《中國建築翼角起翹形制源流考》一文中通過對建築實例的梳理，得出結論「相比北方地區的發展過程，南方地區角翹做法缺乏邏輯性的發展脈絡……僅僅採用仔角樑上摺追求翼角高聳的藝術效果」。這主要是因爲南方建築屋頂較輕，不需要過多考慮傾覆問題，所以也就沒有蕭默先生在文章中所論述的建築技術上漸進的邏輯問題。如果我們將這種建築形式的變化僅僅看做是藝術審美的需要，那麼這種突變便是較爲合理的。所以我們完全可以想像翼角結構的差異是由於南方人更傾向于翼角的靈巧和曲線，而北方人更追求建築的穩重與平和。比如在解州關帝廟的簷角做法中，我們看到了向上的趨勢，但終不及四川的弦子戧做法那麼純粹直接的起翹方法。這更能證明，對翼角起翹的藝術效果並不是由於技術水平或結構上需要所決定或限制的，顯然來自一種審美和營造的習慣。雖然所有審美的基礎是建立在一種技術可行性之上的，但從翼角起翹效果的及分佈範圍來看，它更傾向於地方文化和審美的需要，體現了工匠的創意。

〔註1〕蕭默，《屋角起翹緣起及其流佈》，《蕭默建築藝術論集》，機械工業出版社，2003，第78頁。

〔註2〕高念華，《對江南角翹問題的幾點看法》，《古建園林技術》，1987年，第26頁。

〔註3〕岳青、趙曉梅、徐怡濤，《中國建築翼角起翹形制源流考》，2009.01。

第三節　斗栱做法

一、斗栱的組成

斗栱在江南地區稱為牌科，是木構架中柱枋與屋架部分的過渡連接構件，有著承載與裝飾的作用。常在殿庭、廳堂、牌坊等較高等級的建築中使用。

牌科主要由斗、栱、升、昂等構件組成。斗是形狀如方形的木塊，其高度和寬度根據建築的規模等級而定，同時也是整個牌科用料和比例的基準。如坐斗為五寸高七寸寬時，稱為五七式牌科。同樣還有四六式、三四式等。斗的底部收小，稱為斗底，上部較寬，稱為斗腰。斗腰的上端開口，兩邊稱之為上斗腰，開口下面的部分稱為下斗腰。栱是坐在斗口上的懸挑構件。栱的高度與坐斗相同，寬度為坐斗高的一半。承接梓桁的栱，其端頭為雲頭狀，相似北方的麻葉頭，稱為雲頭。升是位於栱之上的承壓構件，形狀與斗相似，各部位名稱分別為升底、升腰、上升腰、下升腰。昂是斜挑的構件，有著承載和支撐的作用。

根據《營造法原》對牌科記錄的形式，我們可以按照牌科的坐斗的開口方向、平面形式以及形狀可將其分為：一字牌科、十字牌科、丁字牌科、琵琶科、網形科等。一字牌科是指斗、栱等構件均呈一字平面，前後兩面無栱、昂等構件伸出。坐斗之上的栱平行於桁向兩側伸出，栱的兩端及中間各放置一升，稱為一斗三升。如果在升子之上，再放置一個較長的栱和三個升，則稱為一斗六升。一字牌科常置於柱間廊桁之下，故稱之為桁間牌科。丁字牌科是平面呈丁字型的牌科，栱向兩邊及外側伸出，外側看形狀如十字牌科，內側看則好像一字牌科。十字牌科的坐斗開十字口，栱向兩側及前後伸出，前後兩面都有栱、昂構件出參〔註4〕。丁字牌科及十字牌科位於柱頭，是樑底與柱頭的過渡構件，有著傳遞荷載，擴大樑底承壓面的作用。丁字牌科一般為五出參，有時也用三出參，主要用於廳堂或祠堂等建築。十字牌科通常為五出參或七出參，用於殿庭等較高等級的建築。（3-3-1《營造法原》中的牌科做法、3-3-2《營造法原》中的牌科做法、3-3-3 一字牌科、3-3-4 十字牌科）

〔註 4〕出參，即北方所謂之出挑，以桁的中心為準，向內外兩側各出一級稱為三出參，出兩級則為五出參。

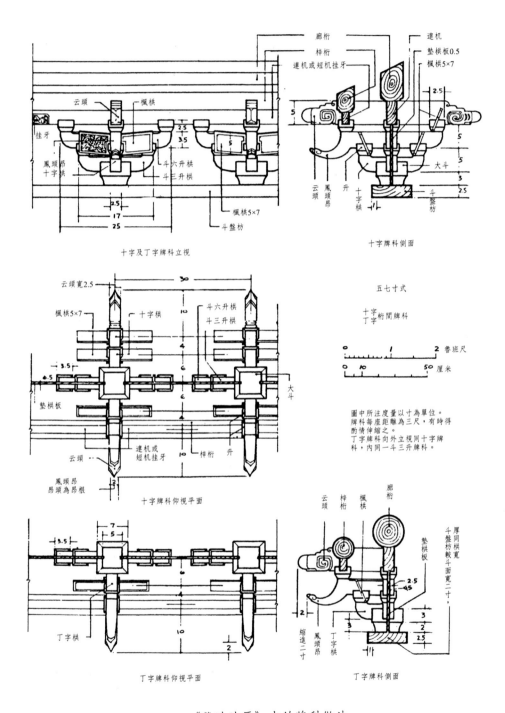

十字及丁字牌科立視

十字牌科側面

五七寸式

十字桁間牌科
丁字

圖中所注度量以寸為單位。
牌科每座距離為三尺，有時得
酌情伸縮之。
丁字牌科向外立視同十字牌
科，內同一斗三升牌科。

十字牌科仰視平面

丁字牌科仰視平面

丁字牌科側面

3-3-1《營造法原》中的牌科做法

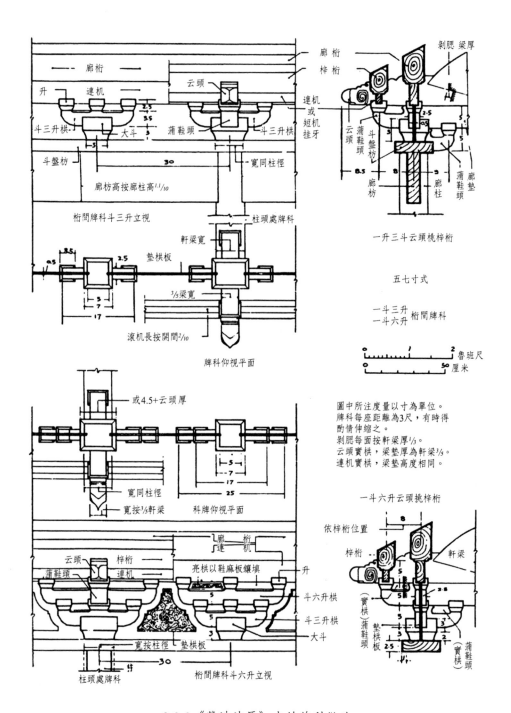

3-3-2《營造法原》中的牌科做法

3-3-3 一字牌科

3-3-4 十字牌科

二、斗栱的裝飾

中國古代社會中對建築的等級有著嚴格的規定，而斗栱更是建築等級的重要標誌。這使得江南地區很多建築在斗栱出挑的層數上受到了限制。明清以來，江南富甲全國，斗栱作爲建築的重要裝飾和等級象徵，只能在雕刻上做足文章。江南地區文風興盛，科舉考試中連連奪冠，名臣大儒多出自江南。至今，在江南的古村落中諸如「父子進士」、「兄弟尚書」、「三世憲臺」、「朝天八龍」等牌匾隨處可見。於是，江南建築婉約精美的品格，也凝聚到斗栱的裝飾上。一般來說，對斗栱的雕刻主要集中在以下幾個地方〔註5〕：

平盤斗：平盤斗是一種特殊的斗栱，只有斗栱而無栱昂，與建築構件連接緊密而不張揚，因此在庶民宅第上也可以使用，數量最多。平盤斗的雕刻題材從吉祥紋飾、動物植物、山水亭閣皆有，外形也隨著裝飾題材而變化。

櫨斗：櫨斗的方楞常常被加工成圓弧，使外輪廓柔和，還在櫨斗上雕刻花瓣等紋樣，使其造型更加柔美，其實例可見潛口明宅中曹門廳。

楓栱：楓栱上常雕刻有祥雲等紋樣。楓栱實際上並無承載作用，只是純粹的裝飾構件。之所以仍列爲栱的類別，大概是因其是從橫栱演化而來之故。

橫栱：一般來說，橫栱上很少用雕刻，只有一些斗栱在栱眼內做成卷草的形象。

另外還有要頭、駝峰等處常用雕刻，其紋樣多爲福雲、鼇魚、荷葉等。

在江西吉安地區的祠堂建築中還有一種稱爲鵲巢宮屋頂的構造，其做法十分精美。屋頂爲木框架結構，中間兩根粗壯的木柱上連接著鵲巢宮式裝飾屋頂。屋頂由數百塊木質圓形雕花構件組成類似斗栱的構件，層層出挑。鵲巢宮安裝時，首先將兩根主要柱木立起，然後從第一個木框結構開始緊扣，一環接一環，裏七層，外七層，層層相接，環環相扣，嚴絲合縫，渾然一體。遠遠望去，宛如一個倒扣的碩大鵲巢，裝飾效果十分突出。

總體說來，斗栱的雕刻遵循的原則是不影響構件的承載受力和斗栱的整體裝飾效果，僅在組合構件的端部等處進行裝飾，增加藝術表現力。（3-3-5平盤斗的裝飾、3-3-6潛口民宅曹門廳中的斗栱與叉手、3-3-7龍川胡氏宗祠中的楓栱及木雕裝飾、3-3-8江西吉安青原區王氏宗祠鵲巢宮屋頂及鎏金木雕裝飾）

〔註5〕參考資料：朱永春、潘國泰，明清徽州建築中斗栱的若干地域特徵，建築學報，1986年第6期，第59~61頁。

3-3-5 平盤斗的裝飾

3-3-6 潛口民宅曹門廳中的斗栱與叉手

3-3-7 龍川胡氏宗祠中的楓栱及木雕裝飾

3-3-8 江西吉安青原區王氏宗祠鵲巢宮屋頂及鎏金木雕裝飾

三、丁頭栱與雀替

江南地區柱樑的連接處常常使用丁頭栱或雀替作為加強構件，一般認為明代建築中用丁頭栱較多，清代建築中用雀替較多。有學者對徽州的建築進行考察後認為雀替可能是由丁頭栱演變而來。其演進過程大致可以分為四個階段〔註6〕：

「第一階段是丁頭栱的端部微翹或作成雲狀。還保留丁頭栱的基本形態。這種做法盛行於明中葉以前，現存不多的實物。如涇縣查濟村某明初宅第、績溪縣馮村進士坊。

第二階段，丁頭栱尾部卷雲伸長並向栱心旋轉，直至填滿栱眼空隙。丁頭栱也演變成四分之一圓。這種做法的變體之一，是於丁頭栱中設花芯填充。此階段保留的實物較多，大都為明末以前的遺構。重要實物有婺源縣鎮頭陽春戲樓、方氏宗祠，黟縣屏山舒餘慶堂，黃山市徽州區呈坎羅潤坤宅、寶倫閣，西溪南村的老屋閣以及潛口明宅中曹門廳、司諫第等。

第三階段，卷雲變為數朵，形態也擴展成橢圓狀。丁頭栱的栱已經消失了，但仍保留有一個升，作為殘存的記憶。這一階段並不長，留下的實物約明正德年間（1506～1521）前後。如祁門六都村大憲伯坊、歙縣槐塘村龍興獨對坊。潛口明宅中的方氏祠坊等。

第四階段，下頭栱的升也消失。圖案除保留三福雲外，紋飾也多樣化。當然，外輪廓也隨紋飾變異。現存此類實物居多，除少數屬明晚期外，絕大多數清代遺構都屬此類。換句話說，清代雀替已取代了明初的丁頭栱。這一階段重要實物有績溪縣龍川胡氏宗祠，歙縣許國石坊等。」

丁頭栱向雀替的演變過程是江南地區建築斷代的重要依據，具有重要的歷史意義。它還清晰地展示了江南建築中裝飾因素不斷增加的變化過程。在經濟不斷發展，財力日益豐厚的時期，建築除了基本功能要求外，越來越多的成為藝術加工的對象，這也成為中國木結構建築裝飾化發展的具體實例。

〔註6〕朱永春、潘國泰，明清徽州建築中斗栱的若干地域特徵，建築學報，1986 年第 6 期，第 59～61 頁。

第四章　木構架裝飾工藝與營造中的文化習俗

第一節　木雕工藝

一、木雕圖案與民俗

　　江南地區手工技藝、傳統美術等非物質文化遺產十分豐富，江南民眾對民間工藝普遍有自豪感，傳統技藝傳承是民間藝人的優良傳統。江南很多地區的建築雕刻工藝十分精湛，像婺州的東陽幫、蘇州的香山幫以及徽州幫的雕刻工藝都聞名遐邇。徽州三雕（磚雕、木雕、石雕）更是單獨作為民間美術項目被列為第一批國家級非物質文化遺產。江南地區建築雕刻的題材和藝術風格上有很多相同之處。相比而言，北京幫雕刻構圖嚴謹，端莊華麗；山西幫粗獷大氣，風格渾樸；江南地區雕刻在構圖不拘一格，輕鬆活潑，表現清秀之美。雕刻題材涉及花草、動物、歷史故事等，風格以寫實為主。

　　建築雕刻的圖案與當地民俗文化緊密相連，通過隱喻、暗示反映當地的意識和文化。江南地區的民俗觀念根深蒂固，有著悠久的傳統，通過雕刻圖案表達的觀念，大概可以分為以下幾類：

　　祈求生育：對子嗣的祈求是傳統社會的大事。《周易》中有「天地之大德曰生」。《孟子・離婁上》亦有：「不孝有三，無後為大。」民間則有著「多子多福」的傳統觀念，這種觀念在江南地區影響十分深遠。期盼生子便成為雕刻圖案的重要主題。反應這種觀念的圖案有：蓮花桂花（寓意連生貴子），石榴蝙蝠（寓意多子多福），棗枝栗子（寓意早立子），棗枝桂圓（寓意早生貴子），蔥、藕、菱角和荔枝（寓意聰明伶俐）等等。

祈功成名就：科舉制度在中國傳統社會有著重要地位。科考是出人頭地、步入仕途的重要道路。江南人文氣息濃厚，通過讀書科考求得功名爲大多數人所向往和追求。長輩們則常常教誨兒孫飽讀詩書，希望他們能考取功名，光宗耀祖。於是便常在建築裝飾中通過各種象徵圖案表達殷切的寄託。同時，傳統社會還存在著「士」這樣一種特殊的階層，即所謂的文人階層，自古以來就有著較高的地位，這在傳統社會影響極爲深遠。梅蘭竹菊等能夠表現文人志趣的圖案紋樣也便常常用來裝飾門面，附庸風雅。表達這種觀念的圖案有：荔枝、桂圓、核桃各三顆（寓意連中三元），喜鵲、蓮蓬和蘆葦（寓意喜得連科），白鷺、蓮蓬和蓮葉（寓意一路連科），雄雞與牡丹（寓意功名富貴），以一隻蓮花爲中心的圖案（寓意一品清廉），以蘭花、靈芝和礁石爲圖案（寓意君子之交），松竹梅圖案（寓意歲寒三友），松樹菊花（寓意松菊延年）。

祈五福：「五福」之說始見於《尚書》，曰：「五福，一曰壽、二曰富、三曰康寧、四曰枚好德、五曰考終命。」而在民間也將福、祿、壽、喜、財稱爲五福。中國人注重現實世界，人們的理想也寄託於現實生活中完成。五福具體指五種幸福，更是幸福的泛指，平安、吉祥、順利、興隆等都作爲祈福的內容。表達祈福的圖案有：五隻蝙蝠圍繞壽字（寓意五福捧壽），一女子手捧桃子的麻姑獻壽圖案（麻姑常用來寓意長生），水仙和壽石或水仙與松樹（寓意群仙祝壽），猴子和桃子組成的靈猴獻壽圖案（猴子常用來寓意長壽），花生圖案（寓意生生不息），蝙蝠與祥雲（諧音寓意福運），蝙蝠、桃子與兩枚銅錢（寓意福壽雙全，雙錢與雙全諧音），鳳和牡丹組成的鳳穿牡丹圖案（寓意富貴吉祥），兩條雲龍和一顆火球組成的二龍戲珠圖案（傳說龍珠可避水火，二龍戲珠源於民間耍龍燈，寓意太平豐年），柿子和如意的圖案（寓意事事如意），毛筆、銀錠和如意的圖案（諧音必定如意），喜鵲與梧桐樹圖案（諧音同喜），童子手執靈芝騎象圖（寓意吉祥如意），貓、蝴蝶和牡丹組成的圖案（寓意富貴耄耋），喜鵲與獾組成的圖案（寓意歡天喜地），豹子和喜鵲圖案（諧音報喜）。另外還有各種花卉組成的圖案，如蓮花寓意根基牢固；蘭花寓意繁榮昌盛；桂花寓意富貴安康等等。

祈婚姻和諧、家庭和睦：荷花與梅花圖案（諧音和和美美），兩隻燕子築巢的春燕剪柳圖案（燕子是春天的象徵，有吉祥鳥之稱。「神柳栽柏春滿戶，春燕築新屋」，寓意新婚夫妻生活美滿），和合二仙圖（兩位仙人分別爲拾得和寒山，手中分別拿著荷花和圓盒，荷與盒寓意和合），鵪鶉、菊花、楓葉圖

案（諧音安居樂業），天竹、藤蔓和瓜組成的圖案（寓意天長地久）。（4-1-1
東山雕花樓木裙板上的雕刻、4-1-2 東山雕花樓木裙板上的雕刻、4-1-3 龍川胡
氏宗祠長窗木雕）

4-1-1 東山雕花樓木裙板上的雕刻

4-1-2 東山雕花樓木裙板上的雕刻

4-1-3 龍川胡氏宗祠長窗木雕

二、木雕工藝做法

　　木雕是在木材上雕刻的工藝，相對磚雕、石雕，加工較爲容易。所以木雕的歷史也更爲悠久。木雕工藝主要運用於建築構件和家具的裝飾，雕刻的部位包括：樑、枋、連機、雀替、插角、門罩、門楣、門窗的裙板、夾堂板、字額、欄杆、飛罩、掛落、隔扇等處。這其中樑、枋等建築構件位置較高，距離人的觀察點較遠，一般不會精雕細刻，只將大體輪廓和粗線條圖案雕出。而像門窗、掛落等裝折是可以在近處欣賞的雕刻，則不惜費工，精益求精。木雕對材料的要求較高，木材應質地堅硬，纖維緊密，雕鑿時不易開裂，富有韌性。一般根據施用部位的不同，採用上等的杉木、香樟木、銀杏木、白桃木、以及紅木、楠木等。

從雕刻手法上看，木雕可分為坹地雕、貼雕、嵌雕、透雕等。坹地雕特點是紋樣立體、層次分明。貼雕、嵌雕是在坹地雕基礎上的改良，前者是在薄板加工成雕飾構件後，用膠貼在平板上。這種做法極大地增加了工作效率。後者是在雕刻圖案上另外鑲嵌更加突起的雕刻構件，以獲得更好的立體感。透雕一般用於飛罩、花牙子、團花等兩面觀看的構件，雕法玲瓏剔透，整體形象突出。

木雕的操作程序：

排布：這一步主要是考慮木雕在構架中的位置和大小，要根據建築的規模、形制、構件類型等因素綜合考慮，以使得雕刻裝飾與建築空間相得益彰，避免喧賓奪主。

放樣：將設計好的圖案紋樣黏貼在構件上，或是將製作的樣板放在構件上並將描畫到構件上。

打輪廓線：首先刻出大體輪廓，注意不要刻得太深，要根據圖案紋樣整體推進，無需一步到位。

分層打坯：雕刻的圖案有主次和層次的關係，雕刻時應分層進行，由前至後，由高至低逐漸刻畫成型。

細刻：在打好的粗坯上精細雕刻圖案的局部，如人物的動作、形態、表情，衣飾的紋理，花草的枝葉等等。一般從下至上，由次及主進行，越是精細的部分越要最後進行，以免雕刻過程中損壞。

修光打磨：對雕刻的線條、形態進行整體調整，修掉毛刺瑕疵，然後用砂紙打光，並用鬃刷刷乾淨。

揩油上漆：揩油上漆以保護木雕。無論油、漆，上的要薄，以體現雕刻的精美。有時候只罩一層透明的桐油，以表現木紋本色之美。

第二節　油漆工藝

一、江南油漆工藝的特點與分類

油漆是傳統木結構表面起到隔潮、防腐、防污、美化作用的塗料層。現代建築中，油漆的概念發生了很大變化，油漆的也從傳統意義上的油、漆材料演化為化工塗料。但人們仍然以油漆稱之。所以油漆已經成為建築塗料的俗稱。而本文討論的是傳統的油漆工藝。

　　江南傳統油漆工藝包括了「油」和「漆」兩個概念。傳統意義上，油是指桐油、荏油等油脂材料。桐油是榨取油桐的種子得到的天然植物油，爲我國特產，盛產於秦嶺以南的廣大地區。荏油是採用荏草（又稱白蘇）的種子製作而成的天然油脂，也稱爲蘇子油。北方的油漆工藝中有將兩種油脂混合使用的情況，而在江南地區，桐油的使用較爲廣泛，幾乎不使用荏油。漆則是指生漆或以生漆爲原料與桐油調製的廣漆。生漆又稱大漆、國漆，是從漆樹樹幹的韌皮割取的乳液。根據使用材料的不同，油漆工藝實際上分爲油作和漆作兩類。

1、江南傳統油漆作特點

　　江南傳統建築的油漆工藝淵源深厚，在歷史的發展中形成了鮮明的特色，這與其所處的地理位置、自然氣候環境有著很大關係。潮濕的氣候環境是生漆、廣漆工藝的有利條件，江南地區的梅雨季節則是最佳時節，所以整個南方地區的油漆工藝大多是桐油與生漆兼用，而長江以北的大部分地區氣候乾燥，不利於生漆、廣漆的乾燥成膜，所以大都用桐油與荏油作爲建築塗料，很少使用生漆。由於材料使用的差異，南北方油漆工藝在做法上有著很大不同，江南油漆工藝主要有清水光油、混水光油、明光漆、退光漆以及揩漆五種。同時，由於文化環境的地域差異，南北方建築的尤其在色彩上也有所區別，不同於北方以紅、藍、綠等爲色的明快色彩，江南建築以暗紅色作爲主要色調，性格較爲內斂，低調。

2、江南傳統油漆工藝分類

　　江南傳統建築油漆作按照所使用的主要材料不同，分爲油作與漆作兩類。而五種常見的做法中，清水光油、混水光油做法屬於油作。明光漆、退光漆以及揩漆做法則屬於漆作。此外，如果按成活後的藝術效果來看，又可分爲清水活與混水活兩種。其中，清水活工藝成活後能看得出原有的木紋，混水活工藝成活後看不出原有木紋。比較而言，清水活較混水活費工，是因爲清水活需要將面漆層（現代成爲底漆層）全部打磨掉，使得木紋完全顯現。這是清水油漆工藝與混水油漆工藝最大的區別所在。江南傳統油漆作的清水活主要包括清水光油做法和揩漆做法。揩漆做法的工序多達幾十道，主要用在一些高級硬木（如銀杏、香樟、紅木、楠木等）家具、擺件或裝折上。是油漆作中最爲考究的一種。混水活主要包括混水光油、明光漆、退光漆三種

做法，其中明光漆和混水光油做法的應用範圍最爲廣泛，大木、裝折、家具都可以採用，是江南油漆工藝中最爲普遍的做法。退光漆是採用堆灰做法的漆作，它將木構件嚴密地封閉在堆灰之中，延長了木構件的使用壽命，是外作油漆工藝中最爲繁瑣，造價最高，也耐久的工藝。退光漆的油漆層較厚，多用於大木構件，不能用在精細的裝折構件上。

二、各類油漆做法說明

1、混水光油、明光漆做法：〔註1〕

混水光油做法和明光漆做法在香山幫建築中應用最爲廣泛，兩者在工序上幾乎相同，代表了香山幫油漆工藝的基本程序。下面對這兩種做法的工藝工序進行說明。

開縫：首先將木料表面的裂紋或裂縫用刮刨將剔大，做成外大內小逐漸收縮的開口，在開口處用刀開成八字形。

拓頭鋪漆（明光漆做法，混水光油做法沒有此步驟）：將木構件打磨，然後在上面先拓一鋪生漆。生漆在乾燥過程中可以滲入木質材料中，從而起到很好的防護作用，同時能木材表面硬化，便於打磨。

打磨：用磨刀石或顆粒較粗的水砂紙打磨木構件表面至光滑。（目前工匠已經習慣使用砂紙進行打磨）

填縫：填縫主要指用牛角抄刮面漆對木材表面進行填縫。在混水光油做法中用光油面漆或豬血面漆填縫，明光漆做法中則用廣漆面漆或豬血面漆填縫。如果縫寬較大，超過 1 釐米，就需要先請木工以同樣材料的木條填縫，以明膠或黃魚膠將木條黏結，然後用鉋子將其表面刨平。這些工作完成後，再由漆匠在木條的四周開縫，用面漆填平才可。

刮面漆與打磨：滿刮著色面漆，然後打磨，反覆進行兩三次。如果質量要求較高，則需要增加一兩次。混水光油做法用光油面漆，明光漆做法用廣漆面漆，豬血面漆僅用於作赭紅色油漆。

打底、上糙油或糙漆：打底、上糙油或糙漆的主要目的都是爲了上色。打底是把調好的豬血豆腐或土黃豆漿等物均勻地塗在面漆之上，用細砂紙打磨。打磨時應注意不能把打好的底磨破露出面漆。上糙油或糙漆時，層數不

〔註1〕東南大學楊慧在其碩士學位論文《匠心探源——蘇南傳統建築屋面與築脊及油漆工藝研究》中對油漆工藝進行了調研和記錄，以下文字參考其成果總結。

宜超過兩層，一般只上一道。因為糙油或糙漆過厚，會與罩光漆之間產生韌性差異，從而使漆面出現龜裂紋。每道漆完全乾燥後，也需用細砂紙打磨光滑。

　　罩光漆（或光油）：罩光漆一般採用清廣漆，罩兩遍至四遍不等。稱為一底兩光、一底三光、一底四光，也可稱為廣漆三度、廣漆四度、廣漆五度。上罩光漆的次數越多，漆膜就越厚，耐久性也越好。漆表面反覆打磨，越加光滑潤澤。

2、退光漆做法：

　　退光漆做法工序繁複、造價較高，是外作油漆工藝中十分考究的做法。退光漆做法主要用於殿庭或廳堂等較高等級建築的柱、門、屏門等，以退光漆做法處理過的木構件有著良好的耐久性。下面以兩麻七灰做法為例，對退光漆做法的工序進行說明。

　　開縫：將木料表面的裂紋或裂縫用刮刨將剔大，並將木構件表面刮花。

　　拓頭鋪漆，打磨，用豬血（如為佛殿等宗教建築有忌諱時則用生漆）與粗灰混合填縫。

　　刮粗灰：用熟豬血與粗灰混合，滿刮一遍灰。

　　乾燥後，用磨刀石或金剛砂輪打磨一遍，注意不要打磨過勁露出下一層灰。

　　熟豬血（或用批灰漆）加水滿刷一遍。趁濕摔麻絲。摔麻絲是指將麻絲將木構件從上至下螺旋包裹起來。包裹時要注意上下壓邊，不可有遺露。用磨拓磨平壓實。

　　用熟豬血（或用批灰漆）加水再滿刷一遍，這一邊用水可以少一些。乾燥後，再刮一遍粗灰。

　　刮中灰：中灰與熟豬血混合，滿刮一遍，將麻絲完全蓋住。乾燥後，用金剛砂打磨。

　　熟豬血加水（或用批灰漆）滿刷一遍。

　　包夏布：從下向上螺旋包裹，不可有褶皺且，上下不要重疊。

　　熟豬血加水（或用批灰漆）滿刷一遍，乾燥後用磨拓磨平。

　　刮中灰：中灰與熟豬血混合，滿刮一遍，將麻絲完全蓋住，乾燥後用金剛砂輪打磨。

　　刮細灰：細灰與熟豬血混合，滿刮一遍，乾燥後用砂紙打磨。

熟豬血加水（或用批灰漆）在細灰上滿刷一遍。

黏絲質綿筋紙，方法同包夏布。

熟豬血加水（或用批灰漆）滿刷一遍

刮細灰：細灰與熟豬血混合，滿刮一遍，乾燥後用砂紙打磨。

上底漆：細灰乾燥後立即刷底漆一遍。

刮漿灰：用細灰與熟豬血（或用批灰漆）稀釋混合後，滿刮一遍。

刮廣漆面漆兩至三遍。上糙漆一遍，罩光漆三遍。

3、清水光油做法

清水光油做法的工序與要求如：開縫、打磨、填縫、刮面漆、上罩光漆等與混水光油做法基本相同。但要求每一層面漆都必須打磨至木紋。清水光油分為做水色做法與做油色做法兩種，區別主要在於：做水色是在打磨面漆後，用羊毛刷將顏色水刷在木構件表面之上，然後罩光油。而做油色則沒有刷顏色水這個步驟，將打磨面漆後直接上糙油、罩光油。

4、揩漆做法

揩漆是江南油漆工藝中最為考究的清水做法，一般用在室內的家具、擺設等，或精緻硬木裝折構件上。揩漆做法的工序極為繁複，工藝要求很高，下面對揩漆做法的工序進行說明。

開縫：用揩漆做法的木料質量很好，一般只有細微裂縫，否則不宜做揩漆。

打磨後，揩頭油漆。

填縫：打磨木坯表面，用無色生漆面漆填縫。

做水色：用羊毛刷（底紋筆）上顏色水直到木坯表面顏色均勻統一。

用絲頭揩第一道生漆：待漆完全乾燥後（表面手感乾爽），打磨至木紋。

滿批面漆：乾燥後，用水砂紙打磨至木紋。

重複揩漆、批面漆、打磨的工序五、六次，至手感光滑，使生漆和面漆充分滲透到木材中，達到良好的保護作用。

再揩三至四道生漆，應該注意的是，揩每道生漆之前要等前一道漆完全乾燥後才可進行。

第三節　彩畫工藝

一、江南彩畫藝術特點

　　蘇式彩畫是江南匠人的傑作。蘇州地區的蘇式彩畫與北京地區的蘇式彩畫有著很大的不同。江南蘇式彩畫色調柔和，常以淺藍、淺紅、淺黃作畫，很少用金，追求樸素無華、淡雅別致的風格。北京蘇式彩畫色彩以青綠為主，間以大紅大金，與和璽彩畫、鏇子彩畫相映襯。紋樣上，江南蘇式彩畫同樣迥異於北京蘇式彩畫，其花式可分為上五彩、中五彩、下五彩三等，但不及京式彩畫嚴格。上五彩以錦紋為主，著色退暈，個別地方還有瀝粉、裝金。中五彩以花草紋樣為主，著色退暈，不裝金。下五彩圖案用墨線拉邊，彩色退暈簡單，通常退二色。

　　蘇式彩畫在明代時已經有了等級規定，其做法分為：上五彩、中五彩和下五彩三種。馬瑞田對這幾種做法進行了說明〔註2〕。「上五彩」，相仿於北方的金琢墨作。其圖案的外輪廓線或其他分界線一律採用瀝粉貼金，圖案採用退暈的技法，以錦紋居多；「中五彩」，相仿於北方的片金作。圖案及輪廓線瀝粉貼片金，不加其他色調及工藝技法。或者有著色退暈，不瀝粉，少量裝金，紋樣簡單，以花草為主，不過對此說法存在較多爭議。「下五彩」相仿北方的五墨作。以青、綠、丹、白、黑五色描繪彩畫圖案。其特點是無瀝粉、無貼金、無暈色，圖案的外輪廓及各部造型的分界線，一律採用墨線拉邊，沿黑線勾一道白粉（俗稱小暈）。圖案則以青、綠、丹三色平塗，不作退暈。有時用簡單退暈，但只退兩色。所畫題材以山水、畫鳥為多。在江南建築實例中，下五彩做法居多，典型案例有：忠王府建築彩畫、明善堂建築彩畫等。

　　蘇式彩畫主要施於樑、枋、檁三類構件上，「其格式即以被施彩畫的部件為單位，按其全長等分為三段，中段叫堂子，靠近堂子的一端叫地，左右兩端的外端叫包頭（也叫箍頭）。」〔註3〕蘇式彩畫的堂子有三種類型，一種是以景物畫為主要內容，包括山水、人物、花卉、動物、靜物等。第二種是清水堂子，不施彩畫，為本色素底。第三種是在堂子內布置錦袱。錦袱如同錦緞包裹在樑枋上，因此也稱為包袱錦，是蘇式彩畫中最具特色的形式。錦袱的款式依據其施色範圍的形狀而定。正三角形的稱為正包袱式，倒三角形稱

〔註2〕馬瑞田，《中國古建彩畫》，文物出版社，1996。
〔註3〕崔晉餘主編，《蘇州香山幫建築》，中國建築工業出版社，2004，第117頁。

爲反包袱式，長方形的稱爲直包袱式，還有將兩種包袱形式串聯搭配的疊袱子式。（4-3-1 忠王府建築彩畫、4-3-2 忠王府建築彩畫）

4-3-1 忠王府建築彩畫　　　　　　　4-3-2 忠王府建築彩畫

二、江南彩畫工藝

　　江南彩畫風格獨特，迥異於北方，其製作形制、工序有別於北方。對江南明式彩畫的製作工序的分析和概括性總結如下〔註4〕：

　　打底子：將木材表面清洗乾淨。用面漆或豬血灰（北方所謂的膩子）對木材表面進行捉補。用砂紙打磨，再用過水布擦去浮灰。

　　襯地：在需要施彩畫的部位刷一層膠粉〔註5〕。如果木材表面刷油，則需要先留出彩畫部位，用荏油、熟桐油、雄黃調料刷於木材表面，然後用雄黃加鉛白、魚鰾膠調成膠粉，刷於彩畫部位。

　　打譜子：打譜子包括起譜、扎譜、拍譜、寫紅墨與號色這四個步驟。起譜是指先將木構件尺寸量好，繪於紙上，在紙上用墨線畫出彩畫紋樣。扎譜是指用針沿墨線在紙上扎孔。排譜是指將譜子平鋪在木構件紙上，用墨粉拍打，使構件上留出彩畫圖案的墨蹟。拍好後用墨線描出來。寫紅墨是指將需要貼金的部位用小刷子蘸紅土將花樣寫出來。號色是指用代號將顏色標記在彩畫圖案上。

<hr />

〔註4〕參考資料包括：中國藝術研究院編，《香山幫傳統建築營造技藝保護規劃（徵求意見稿）》，2009，内部資料。陳薇，《江南明式彩畫製作工序》，《古建園林技術》，1989 年 03 期。崔晉餘主編，《蘇州香山幫建築》，中國建築工業出版社，2004，第 120～122 頁。

〔註5〕明代時期，膠粉用鉛白粉加魚鰾膠等調成，現在被膠水等材料取代。

瀝粉〔註6〕：用將粉漿從瀝粉管擠出，瀝在花紋上。

包膠或打金膠：有瀝粉工藝的，在貼金前，要包一道黃膠，使瀝粉全部包起來。香山幫彩畫多為「下五彩」，少數為「中五彩」的，一般不需要瀝粉，而是平貼金。對於平貼金的，在打譜子完後，即直接打金膠、貼金。金膠不宜打得太厚。

貼金：金膠半乾半濕時，開始貼金。貼金所用金箔非常輕薄，十分易破。這就需要工匠手藝嫻熟，輕輕地將金箔黏上，然後壓實。

著色：江南建築彩畫一般是先貼金後著色，這樣可以將貼金的毛邊拉齊。著色所用技法類似我國傳統的工筆重彩法，因為香山幫建築彩畫大多是由線條組成的包袱錦紋，只有包袱的邊有時採用分層罩染或分層疊染的技法。蘇式彩畫的五彩分別是紅、綠、青、黃、紫，著色需深淺得當。通常每彩取三色，由淺至深，自下而上依次施加。最後拉黑線或描金邊。

拉白、壓黑、描金：著色完畢，開始拉白、壓黑或描金。線條要求剛挺有力，使圖案生動突出。一般情況下，這三種方法並不同時使用。中五彩做法，沿花邊拉白粉，線條微凸。下五彩做法，用深顏色的如黑煙子、砂綠、佛青等進行勾勒。還有種形式，用膠或熟桐油調金粉，用筆描繪金邊。

罩膠礬水：彩畫晾乾後，以稀薄的膠礬水整刷一遍，即能增加彩畫的光澤，又能防潮防腐。

第四節　江南建築營造中的文化習俗

江南建築營造過程中常常伴有相應的儀式與文化活動，這些儀式同樣根植於中國特殊的人文與地理環境，是傳統營造活動與生活方式的真實寫照，凝結了中國傳統哲學思想和審美情懷。這些儀式與活動同樣是寶貴的遺產，所以理應與營造技藝整體作為的非物質文化遺產進行保護。由於本文是以木構架為研究對象的營造技藝的比較研究，未對營造中的儀式與文化進行深入研究，實屬遺憾。現將收集的一些材料整理如下，一方面是為了引起對這些文化遺產的重視，另一方面也是為今後繼續研究做個開頭。

〔註6〕香山幫建築彩畫中僅「上五彩」中用瀝粉。

一、蘇州營造中的儀式與唱詞〔註7〕

平礎時，工匠對唱頌詞：

（甲）：手拿礎石方又方，恭喜東家砌新房，

礎石做得圓整整，新造房屋排成行。

（乙）：今日礎石來安定，四時入節保安寧，

自我做來聽我言，東家富貴萬萬年。

（甲）：一塊礎石方又方，玉石礅子配成雙。

開工安礎康樂地，豎柱上樑都吉利。

（乙）：禧福降臨東家門，砌牆粉刷保太平，

平礎正逢三星照，五福臨門萬代興。

立架上樑時，要舉行貼彩的儀式，有木匠作頭主持，將彩帶、銅錢、福字、對聯等貼在脊檁和柱子上。工匠一邊布置一邊對唱：

（甲）：紅綠綢緞千根紗，親朋買來送主家。

左邊飄來靈芝草，右邊賽過牡丹花。

靈芝草來牡丹花，江南號稱第一家。

（乙）：一頂披羅一頂紗，光照九州香萬家。

招財童子前引路，嘻笑和合送財來。

（甲）：紅綠綢緞掛成雙，壓穩楠木紫金樑。

仙鶴神鹿群起舞，金龍玉鳳祝安康。

（乙）：一杯酒來亮錚錚，丁財兩旺代代興。

上有銀桁招財喜，下有金磚鋪滿地。

（甲）：二杯酒來正樑東，東南西北都相通。

砌房造屋都富貴，福星高照萬代紅。

（乙）：三杯酒來正樑西，年月日時都吉利。

男女老少都喜歡，添財添壽添福氣。

（甲）：四杯酒來亮汪汪，上樑逢喜又逢雙。

東家福喜常臨門，隔壁鄰居都安康。

〔註7〕本節的工匠唱詞引自《太湖洞庭山島民的住宅信仰與習俗》，作者李洲芳、袁震，吳縣政協文史資料委員會編，《吳縣民間習俗》，1991，第89～100頁。沈黎在其申請同濟大學博士學位論文《香山幫匠作系統變遷研究》中進行了整理。

（乙）：五杯酒來亮晶晶，先造樓房後造廳。

左右造起金銀庫，前後再造玉府門。

（甲）：前有五杯百花香，後有五杯澆正樑。

鳳凰落在有寶地，祥龍飛來迎吉祥。

（乙）：銀壺酒澆木龍頭，代代做官砌高樓。

銀壺酒澆木龍眼，官袍玉帶樓萬間。

上樑時要舉行較為隆重的儀式，工匠們一邊用繩子將桁條提上去，一邊唱到：

（甲）：上樑先上頭，好快五香老木頭。

上樑慢上梢，世世代代束金套。

（乙）：手拿千里長，又上萬年樑。

一叉叉到半空中，搖搖擺擺像金龍。

要問金龍哪裏去？今日安到老令宮。

（丙）：繫樑繫到半空中，搖搖擺擺像金龍。

今日金龍哪裏去？一心要登紫金宮。

接下來是安樑儀式，將桁條安置在柱樑上，工匠們用酒燒樑，唱到：

（甲）：手擎銀壺亮堂堂，請來師傅到府上。

瓦木師傅帶喜來，正遇吉辰雙澆樑。

（乙）：滿杯先敬天和地，今朝上樑好吉利。

再敬太公笑開顏，在此百無禁忌來。

（丙）：又敬張班和魯班，張魯師傅來觀看。

開工巧遇吉祥日，完工定遇紅運時。

明間的脊桁安裝到位，上樑儀式逐漸進入高潮，木構架中間搭「鳳凰臺」，準備登高接寶，木工作頭頭頂裝滿錢幣、糖果、糕點的籃子，沿著梯子向上爬，邊爬邊唱：

腳踏有寶鳳凰地，面對楠木紫金梯。

龍飛鳳舞鶴來朝，王母娘娘把手招。

東家好比沈萬三，金銀財寶滿屋堆。

手扶金梯向上跑，一步二步步步高。

芝麻開花節節高，祝東家好運年年道。

　　木工作頭登至鳳凰臺，用紅綢帶繫上一個仙桃或包裹，從正樑徐徐放下，東家夫婦在樑下張開氈毯，迎接包裹，俗稱接寶，木匠邊放邊唱：

> 腳踏興隆地，手擺紫金梯。
>
> 腳踏鳳凰臺，嚴敬紫金臺。
>
> 上有仙桃在龍旁，金龍吐絲將寶降。
>
> 下有鴛鴦來接寶，恩愛夫妻配成雙。
>
> 一個包裹拿在手，半空金銀往下流。
>
> 快把錦緞來分開，金銀財寶一起來。
>
> 一對仙桃放光彩，仙桃自有天上來。
>
> 王母娘娘獻仙桃，東家世代洪福來。
>
> 十九隊仙桃四季春，人才兩旺代代興；
>
> 上樑喜逢黃道日，接寶巧遇紫薇星。
>
> 廿對仙桃大又紅，東南西北路路通；
>
> 造屋年年多富貴，東家世代長興隆。

　　拋樑是上樑的最高潮，村裏人知道了都來看熱鬧，東家接寶後，鞭炮齊鳴，木匠在上面將籃子裏的糖果等物品向人群拋灑，邊拋邊唱：

> 腳踏扶梯步步高，手扳花樹採仙桃；
>
> 採了仙桃何處用？王母瑤池獻蟠桃。
>
> 手托金盤進屋來，和合劉海兩分開；
>
> 招財利世分左右。八仙慶賀過海來。
>
> 腳踏鳳凰臺，背靠紫金梯，
>
> 三聲高炮飛過樑，手提金壺上正樑。

　　然後向接到糖果的人們唱到：

> 拋樑饅頭拋樑糕，拋到樑頭福星照。
>
> 接得饅頭好運道，捧著糕團樂陶陶。

　　拋樑過後，工匠作頭高聲誦讀明間金柱上的對聯：「立柱喜逢黃道日，上樑巧遇紫微星。」接著高喊數遍：「福星高照。」東家開心，便慷慨解囊，給所有的工匠分發喜佃。這一天，親戚朋友應邀來吃上樑酒，都會帶來一些禮品，包括魚、肉、糕點、饅頭、糖果或是被子、毯子等。

泥水匠的唱詞：

新砌山尖新又新，公子騎馬到東京；

京城科舉第一名，狀元極第進朝廷。

新砌山尖高又高，八仙過海齊來朝；

八洞神府魯班造，一代更比一代好。

老師傅在做脊時還會唱到：

新做屋脊兩頭翹，今日萬福又來朝。

恩光降下千年富，運氣東來今又到。

新做屋脊像條龍，榮華富貴多興隆。

二龍搶柱爭上下，金雞鳳凰迎東風。

龍飛鳳舞兆吉祥，東家世代保安康。

二、徽州營造中的儀式與唱詞〔註8〕

徽派傳統民居的營造過程包含有各種儀式，包括對屋神的祭拜、建屋過程中的風俗儀式等，它們是徽派建築文化中非常重要的方面。譬如安裝房屋正樑時要舉行「請樑」儀式。徽州民居建築正樑不起負荷作用，但卻是「屋神」的象徵。一般上樑分偷樑、接樑、贊樑、祭樑和上樑五個程序，正樑既是屋神，自然不能玷染污穢，上樑前夜才能砍伐。正樑不能在自己山場上砍，必須到別人的山場去偷砍。樹主發現也不上門索賠，若樹主當眾罵街，被視為「越罵越發」。砍下正樑後，由工匠在兩端寫上「文東」、「武西」，寓意發家有日；正中畫太極圖以「驅邪」、「鎮煞」；兩端內側雕飾月形花紋，稱為「開樑」。樑上披紅布，插金花，主人在新房門口點爆竹，拈捧香火接樑。正樑被供養於新房正中，上放墨斗、曲尺。樑前供桌上放木盒，內裝「三牲」即塊肉、豆腐、包子，各12雙。贊樑由木匠師傅主持，邊唱邊做，眾人在旁「接口采」。如匠人贊：「金斧響到東，文武在朝中；金斧響到西，福壽與天齊。」眾人接：「好啊！」開祭時，匠人持酒壺，先祭天，後祭地，再祭八方神靈，最後以紅毛公雞血祭樑。有的地方木工在架樑時，常在樑上釘有棺材釘。如遇不明底細的人看見，必然會驚訝地高喊：「棺材釘！」這時房東即連口道謝。

〔註8〕本段內容參考中國藝術研究院中國傳統建築營造技藝多媒體數據庫中的材料，徽州文化館提供了部分材料，喬寬寬在考察中對徽州營造儀式的進行了記錄。

棺材釘同「官」、「財」、「丁」諧音，寓陞官、發財、添丁之意，房東圖得就是個口彩。上門拐時，宰殺公雞，將雞血淋門口，叫做「祭門神」。祭門神時，主祭人邊淋雞血，邊念賀詞：「雞血淋到東，恭賀東家添兒孫；雞血淋到西，恭賀東家多添丁」。眾人在旁高聲呼應，以求吉利。

在上樑儀式中往往還會吟唱「上樑歌」，現根據安徽省黃山市休寧縣芳幹村張師傅（85歲）的回憶進行整理，摘錄如下：

伏以！

太陽起山一點紅，魯班先師下房來·看見此地好來龍，賢東趕得年根日利。月利年根造得萬年樓，樓房左邊造起金銀庫，右邊造起如美族，前邊造起都督府，後邊造起宰相堂。金花造得樑中上，美族內庭得起萬年樑，造得金銀配柱得銀樑，大字狀元心開顏，扯起堂，配銀樑，大家朋友用力豎起來。

伏以！

手拿賢東一把壺，千兩黃金去造成，上有獅子八寶到頂，下有蓮花托酒壺，酒壺裏面什麼酒，壺裏面狀元紅，酒是何人造，杜康仙師造，別人拿來無用處，魯班先師見棟樑，一見樑頭，二見樑尾，三見門神，四見土地，酒落地大吉大利。

伏以！

日出東山喜洋洋，樑出何處，落出何方·出地昆龍高山上，何人看見·魯班先師看見·三根此木，頭一根造起堂安金殿，第二根造起文武府堂·第三根又不長來又不短，不長不短做個好棟樑，魯班先師曬馬上頭，與賢東尚說，拿了鎖起，開了銀房·拿了什麼，一斧劈得堂雞啼，二斧劈下雙鳳凰，三斧劈下落在平陽，百人抬不動，萬年抬不來，年年出個五三十，長江大水，樹了雙樹，搖搖擺擺，五湖四海，搖到埠頭，何人看見，一家丁看報與賢東，賢東做場上，大丈量來三丈二，小丈量來四丈長，不長來不短，正好賢東做個好棟樑，大鋸才頭，小鋸才尾，老班先師堂中開一線，吩咐手下夥計，斧頭劈得光，大鉋鉋得正，小鉋鉋得光，樑頭雕起龍牙獅口，樑尾雕起雙鳳朝陽，中間雕起百子圖，求東海龍王馬國，好日好時接你登位··轉步樓梯步步高，後步高放前步，一步高放十步，十步高放百步，百步高放千步，千步高放萬步，萬步萬萬步，恭喜賢東步步高。

三、婺州營造中的儀式與唱詞 〔註9〕

1、奠基儀式和相關文化習俗、禁忌

擇吉動土：定樁奠基就是確定建築的具體布局位置，進行放線定樁、開始動土的日子。

建築時開始動鋤鍬，第一下謂之「動土」。起工動土為開工第一鍬，古人對起屋動土是十分謹慎的。按照婺州傳統風俗，一般都要請風水先生擇定動土吉日，堪定動土方位。動土時辰由東家請風水先生根據起屋年份、屋主及家人的生辰八字擇定。由匠師用石灰線劃定地基，確定中心點，標出臺門位置。動土方位宜選在天德、月德、月空、天恩及黃道等吉方，忌在凶方動土。

奠基儀式：除了擇吉日動土，動土前還須行「請屋基」禮，舉行奠基儀式，由匠師設請三界地主和魯班仙師。候吉日良辰，置立香案於中庭，備列五色錢、香花、行燈、紅燭、三牲、果酒（用三茶、六酒、五穀）供養之儀，東家請香火，拜請三界地主、五方宅神。口中念禱：「上到天，下到地，中間定塊財寶地，發財又發丁，發子又發孫，榮華富貴萬年春。」

然後在牆基四隅各點紅燭一對，分別念咒：

> 東面開基東面興，太陽菩薩日日升；
> 南面開基南面興，南斗六星來報恩；
> 西面開基西面興，西天佛祖來照應；
> 北面開基北面興，太平天子坐龍凳。

時辰到時，由泥水師傅舉槌念咒語：「天開地闢，日吉時良，皇帝子孫，起造高堂。凶煞退位，惡煞潛藏，此間建立，永遠吉昌。伏願榮遷之後，龍歸寶穴，鳳棲吾巢。茂蔭兒孫，增崇產業。」

而後落槌的同時誦詩曰：

> 一聲槌響透天門，萬聖千賢左右分。
> 天煞打歸天上去，地煞潛歸地裏藏。
> 大廈千間生富貴，全家百行益兒孫。
> 金槌敲處諸神護，惡煞凶神急速奔。

唱畢送神，泥水師傅念叨：「酒過三巡，不敢久留聖駕，錢財奉送。來時當獻下車酒，去後當酬上馬杯。請諸聖各歸宮闕。」接著燒黃紙祝文及紙銀

〔註9〕本段內容參考中國藝術研究院中國傳統建築營造技藝多媒體數據庫中的材料，浙江省古建築研究院等單位提供了部分材料。

錠元寶。屋主一邊差人將雞血米灑於石灰線外，避免凶煞進來，並留出臺門位置。一邊燃放爆竹煙花。

　　禮畢時辰到，即可動土，宣佈營造正式開工，開挖牆腳。

　　擺牆基習俗：按婺州風俗，牆腳開挖好後，一般須在牆腳根四隅放幾枚銅錢，稱之爲「墊銀」。墊銀習俗由來已久，寓意：「腳靴（穴）踢銀，財源滾滾。」迷信說法是可保祐子孫發財，財源廣進。墊銀銅錢一般選用康熙通寶、乾隆通寶等盛世錢幣，以圖吉利，屋業永固，此習俗民間一直沿續至今。

　　奠基、擺牆腳禁忌：建造房屋是百姓的民生大事，婺州人稱起屋爲「行大事業」。所以規矩忌諱也很多，各鄉之間不盡相同，最普遍的有以下幾條：① 奠基、擺牆腳（牆基）時忌哭聲，尤忌女人哭聲，源出「孟姜女哭倒長城」的民間傳說；② 忌用磨盤、石臼、臺階石、路心石等舊石料砌牆腳。磨盤從一個甲子「六十年轉一轉」，隱喻「風水輪流轉」。石臼「日舂夜搗」，隱喻夫婦、婆媳間的口角絆嘴，家庭不和睦。階石和路心石「千人踩，萬人踏」，做牆腳不堅固，也不吉利；③ 樑柱料忌用釘過釘、鑿過榫孔的舊木料；④ 陽宅開工叫動土，陰宅開工叫破土，兩者不可混淆。因此，起屋動土稱「破土動工」，實屬犯忌諱。

2、上樑儀式和相關文化習俗

　　上樑指安裝正屋明間棟柱上的脊檁，民間稱棟桁（棟樑）。由於民間都把棟樑作爲此屋榮昌的主宰，所以對建房上樑極爲重視，一般都要請風水先生擇吉日，舉行隆重的上樑儀式。

　　擇吉：首先安裝棟樑的時間，要請風水先生擇定吉日良辰，避開「三殺（煞）」。所謂神殺者，只是天地日月與諸星在自然運行中，由於各時各星所居方位不同，對大地產生的影響也就不同。若有利大地者，人們冠以「神」，不利則名爲「殺」。三殺，只不過是當年地支（太歲）對衝之方，若犯其方，其方則會衝犯太歲，故爲凶。《宗鏡》所謂制化三殺之法是就五行生克制化之理來說的。如三殺在南方巳、午、未，屬火，用申、子、辰月日時，屬水局，以剋火殺，庚子時（正值半夜）豎柱，以木剋土，大吉。

　　有時考慮當年朝向不利或近期又無「黃道吉日」，而工程又不能拖延。迫於工期，登柱立架時間可以提前幾天，甚至幾個月。有時甚至可以先鋪椽望、蓋瓦，用篾片或棕箬暫時先墊於棟樑接榫處下方，等吉日再揭去棟樑上的瓦，行上樑儀式。

若是在毀於火災的原基上重建時，上樑可不選日子，但上樑日要在新屋中生火盆，將炭火燒紅，謂之「賽紅」。

上樑儀式：上樑架桁儀式是整個營造過程中最為隆重、最熱鬧、參與範圍最廣泛的。有的富豪人家還要宴請親戚朋友，請他們來吃「架樑（桁）酒」。上樑架桁儀式參與者不僅有工匠、東家、親戚、朋友、村民、鄉鄰，甚至過路客也可參與，這些人中有的不被邀請參加宴會，但「搶饅頭」都可以參加。

儀式前，在立好架的樑柱上張貼楹聯，東家聯句為：「上樑巧遇黃道日，立柱欣逢紫微星」，橫披為「紫微拱照」。需注意的是「照」字下面的四點要寫成三點，謂之「忌火」。因為三點象徵水，四點象徵火，木構建築怕火，故以水剋火。

架樑時要請五方（指東西南北中）宅神庇護。本地各鄉隅之間舉行的上樑架桁儀式大同小異，一般都是在中堂擺香案，設三牲果品供奉三界地主、五方宅神，拜請玉皇大帝、魯班仙師。左右置兩個大托盤，盤上放糕點、糖果、饅頭、紅包。左旁擱泥水匠工具磚刀、泥刮；右盤擱木匠工具墨斗、角尺。上棟樑前，戶主領著兒子，手持焚香去接樑，將樑抬放至明間「三腳馬」上。樑要披掛九尺長的紅布，紅佈在樑身上繞 3 匝，由木匠將 5 枚銅錢交叉釘牢，寓意「五世同堂」。

然後點燃香燭，東家主拜祭天地，木匠一手提酒壺，一手舉杯灑酒，邊灑邊唱《敬酒歌》：

> 一杯酒敬天，
> 二杯酒敬地，
> 三杯酒來敬樑頭，
> 代代子孫都封侯；
> 樑頭敬到大樑尾，
> 代代子孫穿紫衣；
> 樑尾敬到樑中間，
> 榮華富貴萬萬年！
> 上樑大吉！

此時，東家主率領眾人齊聲應和「好呀」。

敬酒畢，匠師摘雞冠血畫符打殺。然後泥水匠在左榀，木匠在右榀，同時登上木梯上棟頭，開始唱頌彩詞，應對《上樑歌》。

　　《上樑歌》的內容與《雕斫正式魯班經匠家鏡》（又名《魯班造福經》、《魯班經》）中所載大體相同，但由於師承口授或傳抄有誤，時間長了，各地就演繹出許多版本。茲錄其中一個版本於下：

　　　　上樑歌

　　　　大樑！大樑！出在何方？（泥水匠）

　　　　出在西方崑崙山。（木匠應）

　　　　何人看見這大樑？（泥水匠）

　　　　小將軍遊山打獵看見這大樑。（木匠應）

　　　　何人砍倒這大樑？（泥水匠）

　　　　程咬金十八斧砍倒這大樑。（木匠應）

　　　　何人抬動這大樑？（泥水匠）

　　　　薛仁貴抬動這大樑。（木匠應）

　　　　何人來丈量？（泥水匠）

　　　　魯班先師來丈量，大頭量到小頭，一分不短；

　　　　小頭量到大頭，一分不長。（木匠應）

　　　　樑尖剩下做啥用？（泥水匠）

　　　　做成八角鋤頭（也稱八卦錘）定陰陽。（木匠應）

　　　　八角榔頭有多大？（泥水匠）

　　　　七寸三分三釐三。（木匠應）

　　這時，東家主遞過來兩對繫著紅線的八角木榔頭，由泥水、木匠分別繫在樑的兩頭，然後合誦：

　　　　榔頭打天天無忌，

　　　　榔頭打地地無忌，

　　　　樑頭打樑百無禁忌。

　　這時，東家主遞上一隻紅雄雞，木匠接過公雞唱：

　　　　祭樑歌

　　　　手接主東一隻雞，這是一隻什麼雞？

　　　　天上王母報曉雞。

　　　　生得頭高尾巴低，頭戴鳳冠配彩雲，身穿花花五彩衣。

　　　　此雞不是平凡雞，主東用來拋樑雞。

　　　　木匠隨手用斧刃割雞脖子，雞血淋於樑上，然後又唱：

千年雞（基）！萬年雞（基）！

魯班先師上樑雞，紅血淋地，大吉大利！

在泥水和木匠應對時，每唱誦一句，家人齊聲附和「好」。唱畢，屋主領著全家人（除女兒外），成雙成對地朝棟樑頭跪拜。

然後棟樑徐徐上提，放於棟柱榫孔上。時辰正時，泥水匠用錘，木匠用斧，同敲 3 下，安安落位，隨即燃放爆竹煙花。

此時，房主將香案上的兩個托盤獻給泥水、木匠，兩邊各托一盤上梯，邊登邊唱：

上樓梯歌

手托金盤上雲梯，送來主東好運氣。

一步更比一步高，步步行來採仙桃。

仙桃何人採？魯班先師徒子徒孫走一遭。

接著，泥水、木匠合誦：

贊華堂

東家造得好華堂，坐也坐得高，朝也朝得好。

坐在宣武（玄武）地，朝著鳳凰（朱雀）山。

左手青龍來朝拜，右手白虎保平安。

拋樑習俗：按婺州風俗，棟樑架好後，就要舉行隆重的拋樑儀式。東家把放有紅包的兩個托盤送到樑頂，泥水、木匠收下紅包。屋中東家請人展開被單接饅頭。泥水、木匠各提一大籮筐饅頭，在樑上拋擲，先向東家被單拋，再向圍觀群眾按東、南、西、北次序拋擲，邊拋邊唱誦：

拋樑歌

頭對饅頭拋被單，先吉先利是自家。

一對饅頭拋到東，代代子孫做國公。

一對饅頭拋到南，代代子孫中狀元。

一對饅頭拋到西，代代子孫穿朝衣。

一對饅頭拋到北，榮華富貴萬萬代。

一對饅頭拋到中，下代子孫福祿豐。

唱畢，泥水、木匠齊聲喊一嗓子：「紫微拱照，萬事興榮！」

家主領眾人齊聲應和：「好呀！」

四隅拋過，繼而向四面八方拋。村中老少，過路行人均興高采烈，趕來「搶上樑饅頭」。（上樑饅頭上蓋有「大吉」或「大利」的紅印，搶上饅頭被看作是十分利市的）。

筐中饅頭不能拋光，須留幾雙，謂之「有餘」。樑的兩頭各掛一對八角榔頭和長粽子，八角榔頭鎮邪，長粽子諧音「宗長」。粽旁掛行燈一盞，以示明亮。樑上懸五色布、置五穀瓶，代表金木水火土陰陽五行，寓意陰陽調和、風調雨順。樑中段懸米篩一把，米篩中紮銅鏡、剪刀、尺各一，為辟邪。米篩謂「千隻眼」，銅鏡謂「照妖鏡」，剪刀和尺謂「裁剪」。此時，四鄰各家也紛紛掛米篩、銅鏡、剪刀、尺和紅綢（布），謂之「賽紅」。棟樑正下方小樑上掛雞籠，籠中關一雄雞，謂之「報曉」。義烏民間傳說雄雞能捉小鬼（民間有把小鬼關於雞籠殿中說法）。雄雞每日報曉打鳴，可嚇跑大鬼小鬼保祐一家平安。還有一層含義是，雞與基、吉諧音，寓意家族萬年基業、永世吉昌。棟柱上放置一株繫有紅綢帶的五節並蒂蓮藕，寓意五世同堂。棟柱旁各立一棵帶根並繫有紅綢布的翠竹和松樹，翠竹稱子孫竹，寓多子多孫，步步高升，取個利市。松樹四季長青，取其意長壽，長命百歲。

禮畢。木匠釘椽，泥水匠鋪望磚、蓋瓦，賓客都忙著遞椽、遞瓦、清理平整地面，擺放桌椅，準備宴席。

上樑日碰上晴朗天氣自然高興，喻示紅紅火火。若遇雨天也喜，謂之「屋宇屋宇，豎屋逢雨，財運亨通，大吉大利」。

請架桁酒：上樑架桁是大喜的日子，新屋落成，東家要在新屋中擺酒席，慶祝大廈落成，宴請工匠和親戚賓客。酒席上尊泥水、木匠為大，坐首席。若是有鐵匠和燒炭匠在場，則泥水、木匠必須讓位給鐵匠和燒炭匠，請他們坐首席。因為泥水、木匠的工具是由鐵匠打製的，而鐵匠必須有燒炭匠才能打成鐵，故更受尊敬。

第五章 江南木構架的歷史特徵與地域特徵

第一節 《營造法式》與南北營造技術交流

一、江南木構架形制與工藝的地區變化

　　蘇州地區位於江南北部的太湖周邊，地勢平坦，用地寬裕。除臨水建築外，大多以院落式圍合，縱向院落串聯，橫向連接間以備弄，以防火災。採光、通風條件良好，建築環境較爲舒適。木構架結構多採用抬樑式，邊貼中柱落地，以加強穩定性，室內空間較爲寬敞。蘇州的樓房較少，大多爲平房或廳堂構架，屋架常以軒架裝飾，兼有保溫隔熱的功效。柱子多爲直柱，無收分，無側腳。童柱與樑親合相接，底部呈尖嘴或蛤蟆嘴。樑分爲扁作樑和圓樑，扁作樑多爲拼合而成，月樑形式，雕飾精美。圓樑裝飾樸素，一般不做雕飾，底部做挖底處理。樑下做樑墊或用連機。柱樑連接常採用柱包箍樑的方式，使節點更加穩定。廊架採用單步樑或雙步樑，插入步柱（金柱）。屋架無桩牽、叉手、托腳等構件，只有在廊子的雙步樑上有一種稱爲眉川的構件，起到拉牽作用，與桩牽較爲相似。柱子底部大多用石磉，雕刻較爲樸實。

　　徽州地區多山地，可建築用地較爲緊張，木構建築多以天井圍合，緊密的連在一起。採光通風相對較差，但通過天井的合理布局仍可以滿足居住需要。建築外圍以馬頭牆圍護，有防火功能。木構架多採用穿斗式結構，以適

應山區地勢變化的需要。有些祠堂或較大廳堂等建築中採用插樑式構架，以創造相對寬敞的室內空間。一般民居多為穿斗式二三層樓房構架，明代時底層層高較低，至清代逐漸增高，作為廳堂使用。屋架部分用軒，但不如蘇州樣式豐富。徽州民居空間較窄，這主要是受到用地緊張的限制。從外圍看，徽州民居整體性較強，極富設計感，是在用地緊張的情況下不斷完善發展的產物，可以稱得上是建築設計的精品。明代木構架的柱子有收分，與《營造法式》所載梭柱相似，但不明顯，至清代則基本消失。童柱較為粗壯，下端常採用鷹嘴的形式與樑交在一起。較為華麗的構架中還常用平盤斗等構件。樑的加工十分具有特色，斷面呈橢圓形，造型飽滿。當地稱為多瓜樑，為月樑形式，但與《營造法式》所載樣式有所區別。樑下用丁頭栱或雀替與柱子加強連接，一般明代構架多用丁頭栱而清代則多用雀替。插樑式構架中常有類似紮牽的單步樑連接柱子與兩側的檁，加強構架的整體性，雕刻精美，亦有裝飾功能。最上端脊柱兩側有雕花的叉手，為宋代建築遺韻。柱子下端多用石礎，也有木礎，雕刻精美。

婺州地處浙江中部，多丘陵，用地較蘇州緊張，較徽州寬裕。大型木構建築群組合成套屋的形式，即中間主要建築以院落為中心，周邊環以小屋的形式。是院落和天井相搭配的組合形式，建築的採光、通風良好。建築外牆以馬頭牆圍護，造型美觀。廳堂建築採用插樑式構造，空間寬敞，屋架露明或用軒，裝飾精美。後面的居室多為樓房，二或三層，穿斗式結構。底層為堂，作為日常起居之用。相比徽州民居，婺州民居的居住環境更為舒適，建築在布局上不必斤斤計較，有餘地改善居住質量。婺州民居的整體性較好，聚集性強，不像蘇州民居的布局那樣鬆散。可以算是兼顧舒適與經濟的案例。柱子少有收分，無梭柱。樑的加工精美，造型飽滿，與徽州地區較為相仿，稱為多瓜樑。直樑在婺州地區很少見，底部砍出曲線，與蘇州的圓作樑較為相像。東陽等地區歷來以精美木雕聞名遐邇，體現在建築上自然是雕樑畫棟。樑的端頭、樑下構件都是雕刻加工的重點，尤其是雀替、牛腿等構件雕工極為複雜，反映了這一地區高超的手工藝水平以及雄厚的經濟財力。插樑式構架中有稱為貓兒樑的構件，類似《營造法式》中的紮牽，有穩固樑架的作用。

江西吉安、泰和地區古稱廬陵，一般認為該地區建築與徽州地區建築同屬一系，長期被劃為徽派建築，但實際上，這一地區建築有著很多特有的做法長期被人們所忽視，現總結如下。

　　廬陵地處江西中部，多山地，吉泰盆地以及其他小盆地和山谷是人們生活的主要區域，用地十分緊張。廬陵民居建築常常圍繞廳堂集中布局，前面留出天井小院以利採光通風。爲了解決廳堂採光問題，廬陵工匠又創造出天門、天眼等採光通風方式，改善屋內環境。所謂天門是指在廳堂屋面上將椽子斷開，開出一條裂縫，其形式類似於現代的通風屋脊。天眼則是在屋面上直接開設天窗，天窗之下設有「元寶斗」和「排水斗」，以便承接雨水和排水。廬陵傳統建築的木構件以當地盛產的杉木製作，進深方向的每榀構架稱爲「排山」，是典型的穿斗式木構架，有些地方採用插樑式構造連接。插樑式構架以柱子或童柱直接承檁，廬陵建築常常在檁的下方柱樑交接處再加一根檁，這使得木構架縱向連接十分緊密。這在其他地區是十分少見的。屋內柱、樑、枋、檁、椽、門樓等木構件大多露明，部分用軒架。樑托、瓜柱、叉手、雀替、丁頭栱、撐栱等處大多雕刻花紋、線腳，十分精美。在較大型建築中，柱子有收分，但不十分明顯。有些建築中月樑形式與《營造法式》所載十分相似。（5-1-1 廬陵建築的天門、5-1-2 廬陵建築內部天門採光）

5-1-1 廬陵建築的天門

5-1-2 盧陵建築內部天門採光

　　從以上歸納中，我們可以看出江南木構架大體的特徵以及各個地區的變化。這些變化很多是由於其地理環境造成的，如木構架的結構形式、布局方式等以及由此產生的在採光通風等方面的改善做法。還有一些裝飾因素是受到各個地區的民俗文化影響或是當地的工藝水平和財力的限制而產生的，如彩畫的圖案、木雕等等。但是，除此以外的一些工藝做法，如月樑、梭柱等工藝做法，似乎很難用自然地理環境或人文社會因素等進行解釋。那麼這些差異是如何產生的呢，這些差異背後又有著怎樣的原因呢？為此，我們可以將其放到歷史環境中，從歷史的角度對這些問題進行審視。

二、江南建築技術發展與《營造法式》重刊對南北營造技術交流的影響

　　自漢唐以來，隨著江南經濟文化的發展，建築的營造水平也得到顯著提高。早在南北朝時期，江南地區就出現了營造寺廟的繁榮景象。杜牧在《江南春》詩中所言「南朝四百八十寺，多少樓臺煙雨中。」正是當時建

造寺廟情景的眞實反映。據史書記載，樑武帝時，建康城內寺廟超過 500
座，反映了建築業的快速發展。唐代，江南逐漸成爲經濟中心，建築上必
然也有相應的成就。雖然江南地區沒有建築遺構，但我們從當時揚州城的
規模來看，可以想像出城市的繁榮和建築業的興盛。至宋代，江南建築技
術與北方及中原建築技術的交流更加頻繁，江南著名喻皓入汴樑奉命參與
皇家工程的建設，將江南地區的建築技術帶到了中原。他所著《木經》三
卷，是《營造法式》成書以前最重要的建築著述。雖然《木經》已經失傳，
但我們幾乎可以肯定的推測，《木經》對於《營造法式》的寫作一定有著重
要的影響。

　　近年來很多學者從不同角度探討了江南建築對《營造法式》的影響，如
東南大學的潘谷西教授在《營造法式初探》〔註 1〕一文中，明確提出了喻皓
的建築活動和《木經》的傳世，是浙東建築做法在京師產生了影響。傅熹年
在《試論唐至明代官式建築發展的脈絡及其與地方傳統的關係》〔註 2〕一文
中，更加深入的分析了南方建築之所以會影響官式建築風格的原因。張十慶
在《營造法式的技術源流及其與江南建築的關聯探討》〔註 3〕認爲，《營造法
式》代表了中原及北方官式建築的制度與做法，也體現了宋代南北方建築技
術的交流與融合。這些研究成果都充分說明了宋代是南北方建築技術的繁榮
時期，《營造法式》也成爲當時集合全國建築技術大成的著作。

　　《營造法式》頒行 23 年後，北宋滅亡，宋室南遷。之後在平江府（今
蘇州）對該書進行了兩次重印。從時間和地域上看，《營造法式》作爲宋代
政府制定的建築工程中必須執行的法規，勢必對江南建築產生更大的影
響。甚至遠遠超過對於北方和中原地區建築營造的影響。江南地區所留存
的蘇州玄妙觀三清殿、浙江金華天寧寺大殿、武義延福寺大殿等建築，很
多地方保留了《營造法式》中的形制和做法。江南地區很多民居中，直至
明清還保留了月樑、梭柱、木櫍等做法，無疑是《營造法式》對江南建築
產生的深遠影響。

〔註 1〕潘谷西，《營造法式初探一》，《南京工學院學報》1980 年第四期。
〔註 2〕傅熹年，《試論唐至明代官式建築發展的脈絡及其與地方傳統的關係》，《文物》
　　　　1999 年第十期。
〔註 3〕張十慶，《營造法式的技術源流及其與江南建築的關聯探討》，《建築史論文集》
　　　　第十七輯，清華大學出版社 2003 年版。

三、《營造法式》木構架做法與典型宋代木構架分析

少林寺初祖庵大殿建於於北宋宣和七年，公元 1125 年，位於河南省登封市西少室山的少林寺。從年代上看，初祖庵大殿的建造時間僅比《營造法式》刊行時間晚 25 年。從地理位置上看，初祖庵所在登封據當時的汴樑城（今開封）也很近，其建築做法與《營造法式》所載十分吻合，作為營造法式的建築實證是十分合適的。

初祖庵坐西北朝東南，東西寬 35 米，南北寬 75 米。庵內原有山門、正殿、配殿、千佛閣等，現存大殿為宋代原物。大殿面闊三間，總計 11.14 米，進深三間，總計 10.70 米，平面接近正方形。建於高一米的磚砌臺基上，為單簷九脊殿。殿內外共有 16 根石柱，斷面呈八角形。柱徑 48 釐米，當心間柱高 3.53 米，柱高與柱徑比例約為 7／1，。角柱升高 7 釐米，與《營造法式》所載「三間生二寸」相吻合。正、側面柱子側腳均為 9 釐米，為柱高的 1／40。相比《營造法式》所載正面柱子側腳「每長一尺側腳一分」以及側面柱子「每長一尺側腳八釐」的規定小了許多。

初祖庵大殿從整體上看屬北方殿閣式建築。其木構架柱高基本相等，柱上施以鋪作層，反映了殿閣建築水平層疊加式構架原則。然而在細節上，初祖庵大殿在很多地方都表現出南方建築做法。如圓斗、訛角斗做法，在浙江杭州閘口白塔、北宋寧波保國寺大殿以及明清以後的浙江永嘉等地的村落中都有表現，而在北方建築中卻是孤例。大殿斗栱中昂嘴採用琴面昂的做法，是江南建築的傳統做法，有著悠久的歷史和廣泛的應用，這在北方建築中卻十分少見。大殿當心間補間鋪作兩朵，是江南建築的普遍做法。北方建築中僅在隆興寺摩尼殿中當心間採用了雙朵補間鋪作。另外該殿使用橑簷枋也是北方建築中少有的實例。北方建築中大多採用圓形的橑風槫而不是方形的橑簷枋，橑風槫下施加替木，這種做法一直延續到明清官式建築中。而江南建築從五代至明清都延續以橑簷枋承接椽子的做法。

從初祖庵大殿以及《營造法式》和江南建築特點的比較來看，初祖庵大殿兼具南北方建築特徵，可以說是《營造法式》與江南建築相聯繫的產物。初祖庵大殿在構架方面有很多地方與《營造法式》並不完全一致，也表現出作為地方性民間建築的特點，在建造方面較為靈活，並不恪守法則，這是與《營造法式》所規定的皇家工程做法所不同的。

　　關於《營造法式》與江南木構架的關聯，不少文章都有論述。如前文已經說過，這些文章從不同角度討論了江南建築技術對《營造法式》成書的影響，並深入挖掘了其中的原因，爲我們研究《營造法式》提供了更多的途徑。而影響一般都是相互存在的，《營造法式》成書後，南宋偏安杭州，該書在平江府兩次重印，勢必會對江南建築技術產生更大的影響。《營造法式》作爲官方發佈的建築規範，勢必在技術交流中佔有強勢地位，使江南建築技術向其靠攏，從而產生變化，並且這種影響是十分深遠的。可以肯定的說，《營造法式》並非僅僅代表了北方和中原的建築技術，而是一部兼顧南北建築技術而寫成的技術規範，所記載的建築做法是宋代建築的典型特徵。那麼《營造法式》中所記載關於月樑、梭柱等工藝特點在江南明清建築中仍有所保留，也應看做是宋代建築的歷史特徵而非江南建築的地域特徵。（5-1-3 少林寺初祖庵、5-1-4 少林寺初祖庵、5-1-5 少林寺初祖庵、5-1-6 少林寺初祖庵）

5-1-3 少林寺初祖庵

5-1-4 少林寺初祖庵

5-1-5 少林寺初祖庵

5-1-6 少林寺初祖庵

第二節 江南木構架的地域特徵歷史特徵

一、南北方木構架營造程序的比較

蘇州木構架與北京四合院木構架同屬抬樑式木構架，前文我們已經從建築構造的角度對江南建築的特點做了分析。一般認為北方木構架以抬樑式為主，南方建築以穿斗式為主。從我們對江南木構架分析來看，蘇州地區採用的木構架形式也是抬樑式木構架，是不是就可以認為蘇州地區受北方建築影響，改變了建築的構架方式，從而更接近於北方建築呢？

為了進一步明確江南木構架的結構特徵，我們可以對北京、蘇州、徽州三地的營造流程進行一下比較〔註4〕。

〔註4〕以下內容參考了中國藝術研究院中國傳統建築營造技藝多媒體數據庫相關文本。

1、北京四合院木構架的安裝

大木「下架」安裝應遵循從明間金柱開始，先內後外，先下後上的原則。從明間往兩側立柱，隨後安裝隨樑和下金枋。待用丈杆檢驗進深與面寬尺寸無誤後，將枋子等榫卯縫隙內釘入木楔子。柱頭端檢校尺寸完成後用撬棍或「推磨」的方法撥正柱腳，使其與柱頂石中線對齊。之後用戧杆上端與柱頭綁牢，待用鉛垂線把柱子弔正後，在進深方向用「迎們戧」以及在面闊方向用「龍門戧」固定柱子。可以通過打撞板、倚石片、糊泥等方法保證柱子下腳不移動。

如果山牆位置的木屋架結構中有山柱，山面木架構造與明間的稍有區別。那麼這部分屋架的安裝要隨明間木架遵循同層構件同步安裝的原則。

外簷構件安裝時，插好穿插枋後安簷枋。再將抱頭樑與簷柱中線及上下對齊安裝，之後安裝簷墊板，校核尺寸後，裝簷檁。

待這一層構件全部架裝齊並校驗後即可安裝「上架」。

上架安裝也是從明間金柱開始，先內後外，先下後上。先安裝五架樑，隨後安裝下金墊板和下金檁。

待這一層樑架全部架裝齊並校驗後，再從明間開始依次安裝金瓜柱、上金枋、三架樑、上金墊板、上金檁。

待二層樑架全部裝齊並校驗後，再從明間開始依次安裝角背、脊瓜柱、脊枋、脊墊板、脊檁。

所有大木構件安完後再校一遍順直，最後用漲眼料堵住漲眼，使卯榫固定。

接下來是安簷椽。先在建築一面的兩端及中間適當的位置釘上幾根椽子，掛線定位。然後兩個人一組安簷椽，下面一人扶住椽頭，上面一人按下金檁上的定位線釘椽子。待所有椽尾釘完後校正椽頭位置，並開始釘小連簷。小連簷距椽頭留出1／4椽徑的「雀臺」距離。待小連簷釘完後，再把椽頭釘牢在簷檁上。

椽子釘完後就可鋪釘椽頭望板，頂頭縫要在椽子中心，每鋪釘 50 至 60 釐米寬時，望板頭接縫要錯開幾當椽子。

望板鋪釘一定寬度後就可釘飛椽，方法與釘簷椽基本相同。飛椽與簷椽要上下對齊，待所有飛椽尾釘完後校正椽頭位置，並開始釘大連簷，大連簷距飛椽頭也要留出1／4椽徑的「雀臺」距離。待大簷連釘完後，用兩個釘子

把飛椽與下層望板和簷椽釘牢。然後就可以安閘擋板、釘飛望板、尾望板。瓦口木要待排好瓦當後再製作安裝。

2、蘇州木構架的安裝

蘇州抬樑構架有正貼、邊貼之別，豎屋時從正貼開始，再邊貼、廊架。具體工序約如下：

首先安裝內四界的木構件，安裝時由內向外由中間向兩邊進行。將正間左右前後步柱立起，調整龍門撐校正。將前後枋子插入步柱，並用木銷紮緊。校正後把內四界大樑箍入步柱。樑柱間常以樑箍柱構造結合。廊川與步柱以插樑造連接，並用木銷固定。與廊柱以樑箍柱構造連接。內四界樑柱裝好後以同樣方法豎邊貼、前後廊架。搭成後校準，以迎門撐和龍門撐固定。

接下來安裝桁、機。先安裝連機、夾堂板等構件，紮穩後，安裝桁條。桁條以雌雄榫連接，三開間的桁條，先安裝兩邊間的雌榫桁條，再用正間的雄榫桁條把左右兩間同時紮緊。完成安裝後，再次校正垂直。接下來由明間向兩邊安裝金童柱、三界樑、金機、金桁。待這一層樑架全部架裝齊並校驗後，再安裝脊童柱、月樑、脊機、回頂桁等。上架木構件安裝完成後，檢驗校正，並用小木銷卡緊。

鋪裝椽望：

椽子的安裝位置需在桁條上標出，一般在桁條加工時用丈杆點出椽子的中線，稱為椽花線。椽花線的間距以望磚大小結合開間尺寸由工匠現場確定。安裝時，先裝每貼屋架的椽子，掛線定位，再由兩人一組釘出簷椽、下花架椽、上花架椽、回頂椽。香山幫建築一般採用荷包椽，椽子應小頭朝上，一界壓一界地由上至下順序安裝。兩椽搭接處以斜闓方式連接，並用釘子固定在檁上。椽子之間插入閘椽板，閘椽板要釘在檁的中心。隨後釘勒望條，勒望條的厚度與望磚平。椽尾釘完後校正椽頭位置，開始釘裏口木，將椽子進一步固定。釘飛椽，方法與釘簷椽基本相同。飛椽均為扁方形，與簷椽要上下對齊。釘在望磚上的飛椽可將椽尾的釘釘入一半，留一半待瓦匠鋪好望磚後再釘緊。待所有飛椽尾釘完後校正椽頭位置，並開始釘眠簷即摘簷板。在回頂椽上釘枕頭木、草脊桁及鱉殼板。

3、徽州木構架安裝

在縱深同一軸線的木構架稱列，各構件製作完畢，按各列進行試裝排列。每列可根據人力情況進行增減安裝。

　　列架：按照先西後東秩序（視施工現場情況而定），在施工現場地面上組合。先把西邊列的後步柱、後金柱、後金子架柱、脊柱、前金童柱、前步柱、前步廊柱在地上排好，然後從脊柱開始，從下往上依次安裝後金下列枋、後金上列枋、後金樓上下列枋，後金後金樓上上列枋，把枋兩端與柱子連接榫敲入柱眼，凡是榫頭穿過柱眼的地方都需要打上一個「關鍵」來固定。然後再依次安裝後步下列、上列枋，後步樓上下列、上列枋，完成西列後半部分安裝。前半部分與此順序相同，最後安裝樓上挑頭。

　　西邊列組合完成後，將軟竿（毛竹）捆綁在（竹根部朝上，並開一孔，繩從孔中穿過捆綁，這樣不易滑落）樑柱上作為支撐（選好受力支點），同時採用麻繩牽拉。柱子之間（從底部向上約 1 米處）用木條或棍進行簡易固定，這樣即加強了整體性使列架不鬆散又便於抬上礎墩。列架組合完成，匠師最後對列架進行穩固性檢查。以便及時調整與加固。

　　接著立架。由匠師統一指揮，用人力將西邊列架直接豎立。抬上礎墩，用毛竹或木條或棍將列架支撐加固後，再將樑枋等橫向構件在相應柱間地面上排列，再立中列，中列豎立後，安裝兩列之間樑枋等構件，一般從下往上進行安裝，先安裝樓下直枋，然後安裝樓上的簷下直枋，並打入「關楔」加固。最後立東列，安裝樑枋構件。

　　用線錘調整柱子的垂直度與水平度，使其與柱頂石中線對齊。整體對所有的樑架進行微調，使其調平。同時樓上四個角安裝斜撐，保持樑架穩定。將需要砌築在牆內的柱子部位進行防腐處理，刷桐油。

　　安裝正樑，時舉行「請樑」儀式，在主樑上掛紅彩，放鞭炮，喝彩、并唱上樑歌。

　　架桁，按照先下後上、先中間後兩邊的順序。從明間開始依次安裝簷桁、金桁和脊桁。所有大木構件安完後再校一遍順直，最後用漲眼料堵住漲眼，使卯榫固定。

　　做椽，用鐵釘將椽子固定在桁 條上。然後兩個人一組安簷椽，下面一人扶住椽頭，上面一人按下金桁上的定位線釘椽子。天井露明的椽做出椽頭卷殺，以裝飾簷口。釘小連簷、燕頷板。鋪望磚（望板）。望磚燒製成規定尺寸後經過水磨整形成統一規格，長度為椽間距（中線）。清水磚鋪設，用白灰膏嵌縫。釘飛椽，方法與釘簷椽基本相同。飛椽均為扁方形，與簷椽要上下對齊。釘在望磚上的飛椽可將椽尾的釘釘入一半，留一半待瓦匠鋪好望磚後再釘緊。

正廳、門廳各自立好後，根據要求立廊柱，用枋連接正廳與門廳形成廊屋木構架。

二、南、北方木構架營造的地區差異

從比較中我們可以看出，北京、蘇州、徽州木構架的安裝順序不盡相同。北京地區木構架總體上分下、上架，下架部分（柱、枋等）全部撥正定位後，逐層疊壘樑、墊板、檁等完成上架部分。構架中具有水平層的疊加是其營造的主要特點，這反映出北京工匠在建房中對房屋的認識是從下而上建造的。所以在立架是兼顧縱橫兩個方向的連接，然後層疊而上進行安裝。而徽州地區構架明顯更加重視每一界構架的連接，構架整體呈片狀。立架時逐片豎立，然後在開間方向上以枋木連接。操作時，先完成每界構架再裝連枋。這反映出徽州工匠在建房中對房屋的認識是從一邊向另一邊逐片建造的。所以立架時只注意進深方向的連接，然後再將每一片連接起來。接下來，我們再來看看蘇州地區的抬樑式構架的安裝方式。其做法顯然與北京地區不同，蘇州木構架並未分上、下架命名，而是稱為正貼、邊貼，這種稱呼無疑更類似於穿斗構架的徽州地區。

從木構架組成來看，蘇州木構架以貼式為基本單位，房屋建造時，更加重視每一貼的木構架組成，然後將其連成一個整體。從建造程序上看，蘇州木構架的建造也更加傾向於一片一片的方式，這與徽州地區、婺州地區的建造程序也較為相似，而明顯區別於北方建築。這說明南北方建築差異並非建築構架形式上的差異，也不是木構件加工工藝上的區別，而在於對建築構架組成的認識上。北方的木構架是水平構架層疊而成的，而南方木構架是由一片一片的屋架連接而成的。這種認識上的差異反映在建築構架形式上自然形成了北方更傾向於應用抬樑式木構架，而南方更為傾向於應用穿斗式或插樑式木構架。

至於南北方木構架在結構形式和加工工藝上的區別，如月樑、梭柱的做法等，更多的是歷史因素的影響，即南方建築更多的依據古法，與宋代建築做法更為相似，而北方建築在工藝做法上發生了變化，呈現了新的形式。至清代時，清工部《工程做法》頒佈，更是使得北方地區的建築做法趨向統一，而南方建築則受此影響較小，依然保持著宋代樣式和做法。那麼對於江南木構架而言，環境更為封閉的徽州、廬陵等地，木構件加工做法與宋式建築更加相似也就不足為奇了。

從建築技術發展的角度來看，環境較爲開放的地區，建築技藝交流更加頻繁，與外界溝通越多，技術發展更快，木構架工藝的變化也越大。而環境相對閉塞的地區，技術發展較爲保守，木構架工藝的變化相對較小。對於江南而言，從蘇州向西南方向至杭州、婺州（今金華地區）、徽州、盧陵（今贛中）所表現出來的木構架形態正充分的說明了這一點。較爲開放的蘇州地區，木構架的工藝形態更接近於北方明清建築做法，而相對閉塞的盧陵、徽州地區，木構架的工藝形態則更接近於宋代建築做法。這就回答了前文所提出的問題，江南地區木構架的差異與變化，除了自然地理環境或人文社會因素的影響，還有一個重要的因素就是技術發展的不平衡性。而這種不平衡性，卻給我們認識江南建築的歷史提供了條件。由於江南宋代建築遺存較少，我們很難將江南木構架的歷史形態完整的梳理出來。爲了更好地認識江南建築發展脈絡，我們可以從地域變化的角度加以完善。江西盧陵（吉安、泰和一帶）至今還留存有數以百計的傳統古村落，保留了司馬第、相國府、大夫第、祠堂、書院等大量高質量的古建築，至於旗杆石、功德牌坊等建築小品更是數不勝數。這些建築所表現出的更爲古樸的工藝做法，是研究江南建築歷史的極好例證。

三、江南木構架的歷史遺韻

江南木構架作爲中國傳統建築的一個重要分支，表現了中國傳統建築的在布局、結構、構造、裝飾上的共同特點，同時結合江南地區地理環境、地域文化，形成了自己獨具特色的建築規制，有著強烈的地域特色。江南木構架的形制構造，構件加工工藝以及裝飾工藝方面保持了傳統的做法，是中國木構建築不斷發展的重要實證。由於地域發展的不平衡性以及其他歷史原因，江南木構架表現出一定的發展滯後性，這成爲我們研究建築歷史的重要實證。

柱礎是位於柱子下面承托柱子的構件，其作用主要是加強柱子底部支撐強度，阻隔地面潮氣上升，防止外力損傷。據《營造法式》所載，柱礎分爲兩部分，上部爲柱櫍，下部爲石製盆唇和覆盆或仰覆蓮柱礎。李誡在該書開篇《總釋》中所稱，柱櫍：「古用木，今用石」。由此可知石質的柱櫍是由木質的柱櫍發展而來的。北宋以後，北方官式建築已經看不到木櫍，僅用石製的盆唇和覆盆柱礎。而元明以後，覆盆柱礎也逐漸消失，取而代之的是更爲

簡單的鼓形柱礎，柱礎的雕刻裝飾也大為簡化。江南建築直至明清遺構柱礎，仍然能夠看到木櫍的存在。如劉敦楨先生曾在蘇州華宅中發現的高三、四寸的木櫍〔註5〕。而大量的江南木構建築中，櫍的樣式十分豐富，顯示出櫍在建築裝飾中重要的作用。

梭柱中國古代建築重要的特徵之一，並有著悠久的傳統。柱子上下收殺，形成飽滿而富有彈性的曲線，不僅造型美觀，更可以在最大限度地防止由於柱子失穩而折斷，是其受力特點的具體體現。所以一直成為中國傳統建築審美研究的重點。宋代《營造法式》中對這一特點有著明確的規定。但該書中所記載的梭柱僅在柱子上段收殺，中下段已經呈現平直的形式。這成為北方及中原地區宋、遼、金建築的普遍做法。明清時期，北方建築不在用梭柱，這一優美的加工工藝蕩然無存。梭柱的做法在江南卻被保留了下來，直至明清建築中，仍然可以見到卷殺收分的梭柱。

月樑是《營造法式》中所記錄的又一重要做法。《營造法式》對樑的記錄有兩種，一為直樑，二為月樑。月樑兩端做卷殺，削肩拔亥處理，樑底挖成弧形。從受力來講，中間起栱的月樑有更好地抗彎性能，並且造型優美，常用於明栿。《營造法式》中的廳堂木構架樣式採用了月樑加丁頭栱的做法，這種做法在明代徽州構架還中十分常見，而少見於北方木構架。這說明，月樑加丁頭栱應該是宋代江南木構架的典型特徵，並一直被保留了下來。江南很多地區樑枋不分，都有承重的功能，尤其是闌額，作為建築中最為顯著的木構件，常常是裝飾的重點。闌額既有承重作用，又在建築正立面位置突出，採用月樑做法，自然是情理之中的事情。尤其在徽州木構架中，闌額上往往雕刻精美，工藝精湛，反映出當地手工技藝的發達。

槫牽是一種牽引樑。槫牽本身不承擔豎向荷載，沒有抗彎的作用，在木構架中主要連接童柱與兩側的槫，起到穩定樑架的作用。槫牽的用材在《營造法式》中有著較明確的說明。樑思成在《營造法式注釋》中，對槫牽的解釋為「槫牽一般用於乳栿之上，長僅一架，不承重，僅起固定槫之位置的作用。」宋元以後，槫牽在北方建築中逐漸消失。而明清江南木構架中，蘇州地區的木構架僅在廊子的雙步樑上有類似槫牽構件。而徽州、婺州等地槫牽還十分常見，可見這些地方的做法更為古樸。

〔註5〕趙琳、張朝暉，略論宋元江南建築技術與裝飾地域特徵的滯後現象，作家雜誌，2010年第6期。

　　童柱做法也是木構架特點的集中表現。童柱也稱矮柱、侏儒柱、蜀柱等。唐代北方建築脊檁處只用叉手不用童柱，宋代則叉手、托腳與童柱並用。之後常以小駝峰承托童柱，作爲穩定之用。江南建築中，最常見形式是將童柱底部做成鷹嘴狀交於下方的樑，以起到穩定的作用。徽州等地還有平盤斗的形式。脊柱兩側以雕花的叉手作爲穩定構件，是宋代做法的遺留痕跡。童柱做法有地域因素的影響，也表現出歷史發展的階段性特徵。

　　江南地區木構架發展，較多保留早期的營造技術特徵。相比北方建築表現出較強的滯後性。隨著木構技術的發展以及樣式做法的變化，這些歷史痕跡逐漸成爲該地區的地域特徵爲人們所認識。這種技術的滯後性大多是由於該地區與外界交流不便造成的，工藝做法因循古法，而這正爲建築歷史的研究提供了良好的實例。從蘇州到婺州、徽州直至廬陵等地，木構架做法隱隱現出驚人的歷史變化脈絡，雖然很多表現並不清晰，甚至是片段的，但我們仍然可以透過這些古老的建築體會工藝的發展，這實在是一筆難得的資料。

參考文獻

專著

1. 聯合國教科文組織保護世界文化公約選編〔M〕，北京：法律出版社，2006。
2. 王文章主編，非物質文化遺產概論〔M〕，北京：文化藝術版社，2006。
3. 城市文化遺產保護國際憲章與國內法規選編〔M〕，同濟大學出版社，2007。
4. 劉敘傑，傅熹年，郭黛姮，潘谷西，孫大章主編，中國古代建築史（五卷集）〔M〕，北京：中國建築工業出版社，2001～2003。
5. 劉敦楨主編，中國古代建築史〔M〕，中國建築工業出版社，1984。
6. 樑思成，清式營造則例〔M〕，中國建築工業出版社，1981。
7. 王璞子，工程做法注釋〔M〕，中國建築工業出版社 1995。
8. 樑思成，營造法式注釋〔M〕，中國建築工業出版社，1983。
9. 中國科學院自然科學史研究所主編，中國古代建築技術史〔M〕，科學出版社，1985。
10. 王其亨，風水理論研究〔M〕，天津大學出版社，1992.8。
11. 劉致平，中國建築類型及結構〔M〕，中國建築工業出版社，2000.8。
12. 文化部文物保護科研所，中國古建築修繕技術〔M〕，北京：中國建築工業出版社，1994。
13. 馬炳堅，中國古建築木作營造技術〔M〕，北京：科學出版社，1991。
14. 蔣廣全，中國清代官式建築彩畫技術〔M〕，北京：中國建築工業出版社，2005。
15. 劉大可，中國古建築瓦石營法〔M〕，北京：中國建築工業出版社，1993.6。
16. 井慶升，清式大木作操作工藝〔M〕，北京：文物出版社，1985。

17. 馬瑞田，中國古建彩畫〔M〕，北京：文物出版社，1996。

18. 姚承祖原著，營造法原〔M〕，北京：中國建築工業出版社，1986。

19. 馬炳堅，北京四合院建築〔M〕，天津：天津大學出版社，1999。

20. 過漢泉，古建築木工〔M〕，北京：中國建築工業出版社，2004。

21. 劉一鳴，古建築磚細工〔M〕，北京：中國建築工業出版社，2004。

22. 崔晉餘，蘇州香山幫建築〔M〕，北京：中國建築工業出版社，2004。

23. 林會承，傳統建築手冊——形式與做法篇〔M〕，臺北：藝術家出版社，1995。

24. 祁英濤，祁英濤古建築論文集〔M〕，北京：華夏出版社，1992。

25. 柴澤俊，柴澤俊古建築文集〔M〕，北京：文物出版社，1999。

26. 路玉章，木工雕刻技術與傳統雕刻圖譜〔M〕，北京：中國建築工業出版社，2000。

27. 中國建築業協會古建築施工分會，中國風景園林學會園林工程分會，古建園林工程施工技術〔M〕，北京：中國建築工業出版社，2005。

28. 李湞，中國傳統建築形制與工藝〔M〕，同濟大學出版社，2006。

29. 陳志華，俞源村〔M〕，北京：清華大學出版社，2007。

30. 陳志華，李秋香，諸葛村〔M〕，北京：清華大學出版社，2010。

31. 中國建築設計研究院建築歷史研究所，浙江民居〔M〕，北京：中國建築工業出版社，2007。

32. 王仲奮，東方住宅明珠——浙江東陽民居〔M〕，天津：天津大學出版社，2008。

33. 余英，中國東南系建築區系類型研究〔M〕，北京：中國建築工業出版社，2001。

34. 洪鐵成，東陽明清住宅〔M〕，上海：同濟大學出版社，2010。

35. 黃浩，江西民居〔M〕，北京：中國建築工業出版社，2008。

36. 戴志堅，福建民居〔M〕，北京：中國建築工業出版社，2008。

37. 丁俊清，楊新平，浙江民居〔M〕，北京：中國建築工業出版社，2008。

38. 單德啟，安徽民居〔M〕，北京：中國建築工業出版社，2008。

39. 張仲一，曹見賓，付高傑，杜修均，徽州明代住宅〔M〕，北京：建築工程出版社，1957。

期刊論文類

1. 張十慶，古代營建技術中的「樣」、「造」、「作」〔G〕，建築史論文集（第15輯），2002。

2. 郭湖生，關於《魯班營造正式》和《魯班經》〔G〕，科技史論文集（第七輯），1981 年 6 月。

3. 朱光亞，中國古代建築區劃與譜系研究初探〔G〕，見：陸元鼎，潘安 編，中國傳統民居。

4. 營造與技術，廣州：華南理工大學出版社，2002。

5. 苑利，顧軍，非物質文化遺產保護的十項基本原則〔J〕，學習與實踐，2006 年 11 期。

6. 祁慶富，論非物質文化遺產保護中的傳承及傳承人〔J〕，西北民族研究，2006 年 03 期。

7. 廖明君，周星，非物質文化遺產保護的日本經驗〔J〕，學術訪談，2007 年 01 期。

8. 譚宏，非物質文化遺產保護的原則〔J〕，重慶文理學院學報（社會科學版），2006 年 03 期。

9. 沈黎，香山幫匠作系統變遷研究〔D〕，同濟大學建築學院。

10. 楊慧，匠心探原——蘇南傳統建築屋面與築脊及油漆工藝研究〔D〕，東南大學建築學院。

11. 曹永沛，徽州古建築「馬頭牆」的種類構造與做法〔J〕，古建園林技術，1990.8.25。

12. 程極悅，程碩，徽州傳統民居概述〔J〕，安徽建築.2001.6.28。

13. 程極悅，徽商和水口園林——徽州古典園林初探〔J〕，建築學報，1987.10.28。

14. 姚光鈺，徽州明清民居工藝技術〔J〕，古建園林技術，1993.8.25。

15. 周燕芳，淺談徽州民居的成因及特點〔J〕，華中建築，2006.11.25。

16. 馬全寶，香山幫傳統營造技藝田野考察與保護方法探析〔D〕，中國藝術研究院，2010。

附　　錄

國家級非物質文化遺產中的營造技藝類項目（統計至 2014 年）

第一批國家級非物質文化遺產名錄（營造技藝類項目）			
序　號	編　號	名　　稱	申報單位
377	VIII-27	香山幫傳統建築營造技藝	江蘇省蘇州市
378	VIII-28	客家土樓營造技藝	福建省龍岩市
379	VIII-29	景德鎮傳統瓷窯作坊營造技藝	江西省
380	VIII-30	侗族木構建築營造技藝	廣西壯族自治區柳州市、 三江侗族自治縣
381	VIII-31	苗寨弔腳樓營造技藝	貴州省雷山縣
第二批國家級非物質文化遺產名錄（營造技藝類項目）			
序　號	編　號	名　　稱	申報單位
957	VIII-174	官式古建築營造技藝（北京故宮）	故宮博物院
958	VIII-175	木栱橋傳統營造技藝	浙江省慶元縣、泰順縣 福建省壽寧縣、屏南縣
959	VIII-176	石橋營造技藝	浙江省紹興市
960	VIII-177	婺州傳統民居營造技藝（諸葛村古村落營造技藝、俞源村古建築群營造技藝、東陽盧宅營造技藝、浦江鄭義門營造技藝）	浙江省蘭溪市、武義縣、東陽市、浦江縣
961	VIII-178	徽派傳統民居營造技藝	安徽省黃山市
962	VIII-179	閩南傳統民居營造技藝	福建省泉州市鯉城區、惠安縣、南安市
963	VIII-180	窯洞營造技藝	山西省平陸縣甘肅省慶陽市

964	VIII-181	蒙古包營造技藝	內蒙古自治區文學藝術界聯合會、西烏珠穆沁旗、陳巴爾虎旗
965	VIII-182	黎族船型屋營造技藝	海南省東方市
966	VIII-183	哈薩克族氈房營造技藝	新疆維吾爾自治區塔城地區
967	VIII-184	俄羅斯族民居營造技藝	新疆維吾爾自治區塔城地區
968	VIII-185	撒拉族籬笆樓營造技藝	青海省循化撒拉族自治縣
969	VIII-186	藏族碉樓營造技藝	四川省丹巴縣

第三批國家級非物質文化遺產名錄（營造技藝類項目）			
序號	編號	名稱	申報單位
1188	VIII-208	北京四合院傳統營造技藝	中國藝術研究院
1189	VIII-209	雁門民居營造技藝	山西省忻州市
1190	VIII-210	石庫門里弄建築營造技藝	上海市黃浦區
1191	VIII-211	土家族弔腳樓營造技藝	湖北省咸豐縣，湖南省永順縣，重慶市石柱土家族自治縣
1192	VIII-212	維吾爾族民居建築技藝（阿依旺賽來民居營造技藝）	新疆維吾爾自治區和田地區

第四批國家級非物質文化遺產名錄（營造技藝類項目）			
1351	VIII-237	古建築模型製作技藝	山西省太原市
1352	VIII-238	傳統造園技藝（揚州園林營造技藝）	江蘇省揚州市
1353	VIII-239	古戲臺營造技藝	江西省樂平市
1354	VIII-240	廬陵傳統民居營造技藝	江西省泰和縣
1355	VIII-241	古建築修復技藝	甘肅省永靖縣

國家級非物質文化遺產擴展名錄			
序 號	編 號	名 稱	申報單位
378	VIII-28	客家土樓營造技藝	福建省南靖縣、華安縣
		客家民居營造技藝（贛南客家圍屋營造技藝）	江西省龍南縣
963	VIII-180	窯洞營造技藝（地坑院營造技藝、陝北窯洞營造技藝）	河南省陝縣，陝西省延安市寶塔區
969	VIII-186	碉樓營造技藝（羌族碉樓營造技藝、藏族碉樓營造技藝）	四川省汶川縣、茂縣，青海省班瑪縣
962	VIII-179	閩南傳統民居營造技藝	福建省廈門市湖里區